マニアの熱意がつくる新しいネットビジネス

復刊ドットコム奮戦記

左田野 渉

築地書館

「埋もれてしまった名作」から「懐かしの思い出の作品」まで

「復刊ドットコム」(http://www.fukkan.com/)は、「絶版」「品切れ」のため、手に入らなかった書籍を投票により復刊させよう、というサイトです。

品切れ・絶版になった書籍を復刊したいと願う読者が、ある書籍にインターネットで投票して、その本が**百票に達すれば**(復刊を願う人々が一〇〇人集まれば)、サイト運営者が、出版社または著者に復刊交渉を地道に行っていくというものです。

復刊ドットコムで投票される書籍の多くは、「**埋もれてしまった名作**」から「**懐かしの思い出の作品**」まで、その愛読者たちによって、熱烈な復刊リクエストが毎日寄せられています。

なかには、一夜にして５００票以上もの投票を集めた書籍もありました(本書の２章では、これら人気復刊本の人気の秘密を、**ブックガイド**としても楽しめるように書きました)。

復刊リクエストされる本たちは、単純に「売れない」という理由で絶版になった本だけでなく、さまざまな事情で世の中から姿を消した本も少なくありません。

マニアの間でその復刊が切望されてはいますが、著作権関係者が復刊を拒む本もあり、その復刊までには、長く険しい道のりがあります(そんな㊙エピソードは3章に、こっそり書いてあります)。

もちろん、復刊をきっかけに、知られざる名作が世に出たことで、再び光が当てられた幸せな作品たちもたくさんあります。

無事に復刊が実現した暁《あかつき》には、投票者の方々に呼びかけて、復刊書籍をインターネットでご購入いただいています。

このニッチなサービスが、なんと現在、**約二二万人の会員組織**となって、読者の大きな支持を受けているのです。

また、コツコツと**個人のファンサイト・趣味サイト**に呼びかけ、すでに約六三〇〇のインターネットサイトと復刊ドットコムを相互リンクで結んでいます。

このような**インターネットコミュニケーション**が復刊ドットコム集票の原動力となっているのです。

復刊ドットコムは、現在、通算二千点近い復刊書籍と、年商四億円の流通を生み出しています。

一般にはなかなか儲からないといわれる出版という業種において、創設五年のベンチャー企業としては、まずまずの成果を収めたといえるでしょう。

しかし、一九九九年の設立当時は、まったく売上などあがらず、泣くに泣けない日々が続き、途方に暮れていました。

まさにタイトル通りの「復刊ドットコム奮戦記」ともいえる、さまざまな**試行錯誤の繰**

り返しが、読書界に圧倒的な支持を受ける復刊ドットコムというメディアを生み出したのです。

復刊ドットコムを運営するブッキングは、設立当初の印刷事業から出発して、さらにインターネット書店を開業し、現在は出版社としての道を進んでいます。

こうした変遷は当初から予測したものではなく、その場その場で「復刊」という結果を最優先し、努力をしてきた結果、こうなっていたというのが実態です。

そのイバラの道と変遷を、まずは1章であますところなく語りたいと思います。

「復刊ドットコム」成功の秘訣は、インターネットが育くむコミュニケーション力を基盤に、コミュニティを創造し、発展させてきたことにあります。その意味では、インターネットビジネス（eコマース）に関心のあるビジネスパーソンの方にもぜひ読んでもらいたいと思っています。

そして、本書をまとめるなかで、これから復刊ドットコムの行く末、出版業界について思いを馳せると、その向かうところはやはり「読者」にあるのだと痛感しつつ、4章で今後の出版業界のあるべき姿をイメージしてみました。

巻頭のしめくくりに、復刊ドットコムと読者の関係が象徴的に表現されているある復刊投票会員のメールを、ご紹介させていただきます。

このメールは、私たちが二〇〇一年に日経インターネットアワードを受賞したとき、ある会員の方からいただいたお祝いのメールです。復刊ドットコムというプロジェクトが、いかに幸せな仕事であるかということを表現してくれた文章ではないかと思っています。

「近頃、欲しいと思ったものが何でもすぐ手に入ります

何の苦労もなく……お金さえあれば……

そして、欲しいっていうことを口にすることすら忘れてる
でも、簡単に手に入れたものって執着がわかない
自分で積み重ねた努力のうえに手に入れたものは、
その物質より、心の財産となると……
復刊さんは、夢のお手伝いをしてくれる
電子なのに、熱い気持ちが伝わってきます
これからも、私たちの見たい気持ちの
お手伝いをしてください」

それでは、めくるめく復刊本の世界をお楽しみください。

復刊ドットコム奮戦記

もくじ

3 復刊にまつわるエピソード

4 本好きのためのパラダイスとは？

章扉図版提供　藤子スタジオ

欲しい本を手に入れる10の方法

1 コミュニティサイトをつくる（なるべく多くの仲間を集めよう）

2 復刊ドットコム（http://www.fukkan.com/）に投票

3 国会図書館に行き、欲しい本のＩＳＢＮコード、印刷所を調べる →交渉が早まります

4 著者についての情報（近況、連絡先）を調べる →交渉が早まります

5 絶版にまつわる情報を集める →交渉が早まります

6 オークションに原本が出ていたら、仲間とお金を出しあい落札。復刊ドットコムに貸す →交渉が早まります

7 その本への熱い想いを掲示板などで伝える

8 出版社や著者を責めるような書き込みはしない

9 やるだけやったら、交渉結果を待つ

10 刊行後は復刊ドットコムで購入を（復刊ドットコムの運営費となります）

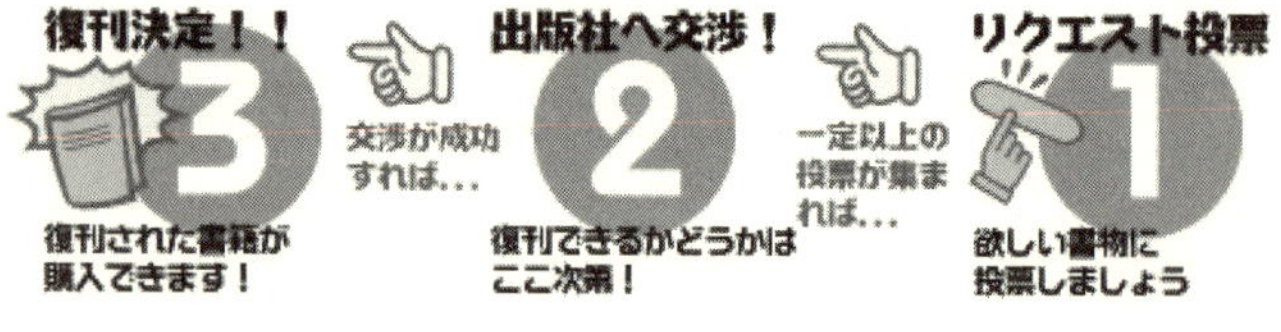
リクエスト投票
1
欲しい書物に投票しましょう
一定以上の投票が集まれば…
出版社へ交渉！
2
復刊できるかどうかはここ次第！
交渉が成功すれば…
復刊決定！！
3
復刊された書籍が購入できます！

1

復刊ドットコムストーリー

1 手に入らない本が多すぎる

現在、膨大な数の本が出版されつづけています。

なんと毎年七万点以上の本が発売され、多いときには**一日三〇〇点を超える**日も珍しくありません。

このような多くの書籍を、限りある書店や図書館の棚に、いつまでも並べておけるわけもありません。

一九九七年以来続いていた出版業界のマイナス成長のなか、出版社は発行部数をおさえて、発行点数を増やすことによって、売上高を確保しようとしてきました。その結果がこのような出版洪水を招きました。

有限な売場、蔵書スペースに対して、それを超える出版点数の増加は、**商品サイクルの短縮化**を招きます。せっかく書店に配本された本も、すぐに次の本に押し出されて返品されてしまいます。本は買い取りではなく、ほとんどが委託販売なので、売れなければ返品できる商品なのです★。

返品された本は、各出版社の倉庫で表紙カバーをかけかえて、再出荷を待ちま

本書は、復刊ドットコムで人気を集めた「知られざる名作」のブックガイドとしても、お読みいただけるよう、欄外には、登場する本の注釈を付けました。作家のプロフィールなどは、復刊ページの書き込みを、要約して掲載しました。また、投票者のコメントを本の紹介に代えさせていただいているものもあります。

★本は返品できる
実際の新刊配本の平均返品率は60％くらいではないかといわれています。

すが、ここでも次の返品されてきた本が押し寄せてきますので、いつまでもストックしておくわけにはいきません。売れ残れば断裁してしまいます。

その結果、多くの本が「品切れ」や「絶版」となって、読者や著者の手から失われていきます。

こうして、せっかく生まれた本たちは、重版されることなく、初版で寿命を終えるケースが多くなってしまうのです。

いつの間にか、本は発売されたらすぐに買っておかないと、**あとからでは入手できない買い物**となってしまいました。

復刊ドットコムに寄せられる投票コメントを読むと、そのほんとんどが、

「ファンだったのにさっさと買っとけばよかったと後悔しています」

「出版されていたことを知らず、買い逃してしまいました」

といったもので、

「ここ数年探しているのですが、見つかりません。なんとかして手に入れたい」

という**熱いリクエスト**となって、復刊ドットコムに寄せられるのです。

また、絶版本には、差別用語の問題★で絶版になっている本も少なくありません。なかには本当に意味のある批判もあるのでしょうが、まったく何の根拠もない理

★差別用語の問題
サンカ民族の差別であるとの批判があったとされる三角寛のサンカ小説や藤子・F・不二雄『ジャングル黒べえ』、手塚治虫『ブラックジャック』の単行本未収録作品、『ちびくろ・さんぼ』などが有名です。

これらは最近、復刊される傾向が出てきました。

由で絶版の憂き目にあった書物もあります。ささいな差別表現にクレームをつけて出版社を脅すことを職業にしている輩もいると聞きます。

なぜ復刊ドットコムがはじまったのか？

そしてまた、復刊の仕事をしているなかで、いつも心の片隅で意識している言葉があります。

村上春樹『ノルウェーの森』の登場人物である永沢さんが言った「死後三十年を経ていない作家の本しか、俺は信用しない」という言葉です。つまり、一生のうちですべての本を読める時間なんてあるはずがないから、その見極めの時間を惜しみたい。三十年の年月に耐えた評価を得ているということを、彼の選書の基準にしたいというニュアンスの発言です。

しかし、現在では、先に上げた出版洪水の問題からも、**古典が手に入らなくなっている**★のです。

復刊ドットコムを始める前、私たちは日販という取次(本を扱う問屋さん)の流通の最前線にいて、このような事態を口惜しく思っていました。

★古典が手に入らない
たとえば、『凱旋門』という名作に対して、復刊ドットコムでは115票の復刊投票がありました。『凱旋門』はドイツからアメリカに亡命した寡作の文豪レマルク作、山西英一訳になる古典の一つと呼んでいい作品です。日本では55年に新潮社から、60年に河出書房世界文学全集で紹介されました。のちに復刊ドットコムのターニングポイントとなる『ダルタニャン物語』に限らず、今ではこんな古典が読めなくなっているんだなぁと感傷に耽る一方で、なんとか読者との橋渡しがしたいと思いました。

日販の王子流通センターでは、**毎月7万点の品切れ本への注文**が発生しているといいます。せっかく読者の方々からの注文が書店から届いても、それに応えることができないのです。

そこで豊臣秀吉ではありませんが「ないのなら、つくってしまおう、ブッキング」ということで、オンデマンド出版★による絶版本の復刊という仕事にチャレンジするため、ブッキング★という会社が設立されたのです。

ブッキングの立ち上げの際に、当時の日販の菅社長に「おまえ、責任者をやってみないか」と声をかけられました。これを転機に、私の人生は堅実なシステム担当の課長から、一気に**ベンチャー的人生への転進**となりました。

しかしながら、この前人未踏の道は平坦な道ではなかったのです。

この新しい仕事は、若い社員たちの発案で進められたプロジェクトでした。そして彼らに集う、異業種界のパートナーたちの革新的な技術とコミュニケーション能力には目を見張ったものでした。

彼らの見せてくれる新しい世界を、私は毎日新鮮な驚きを持って受けとめることになります。

この仕事に、私は完全にはまってしまいました。

★オンデマンド出版
新しい印刷技術であるデジタルプリントを用いた、受注生産（オンデマンド）による出版。詳しくは6ページ。

★ブッキング
本の問屋である日本出版販売（日販）が、小学館、岩波書店など二九社の有志出版社と設立した会社。読者の品切・絶版書の入手希望を、オンデマンド出版によってかなえようという新しい仕事を開始した。

2 儲からない試行錯誤から読者が望む復刊へ

そして、一九九九年の十月から、ブッキングはオンデマンド出版というサービスを開始します。

この年から翌年にかけて、多くの同様な事業が立ち上がったので、私はこの年を「オンデマンド元年」と呼んでいます。

オンデマンド出版とは…

「オンデマンド出版」について説明しましょう。

これまでの出版印刷は主にオフセット印刷という手法を用いてきました。版下とか刷版と呼ばれる印刷の原版を作成して、あとはこれを印刷機にセットして、インクで大量の紙に刷り出す技術です。この原版作成のコストが大きくかかるため、オフセット印刷は**大量生産に適した技術**なのです。また、用紙の手配、セッティングなどもラインを組んで一気に行います。したがって、少部数の受注生産には向いていませんでした。

これに対して、オンデマンド印刷は、一冊単位の注文に応じて、本をつくることができる技術です。

技術的に最も違う点は、原版をスキャンニングやＤＴＰ組版によって、廉価なコストで製作できます。印刷もデジタルプリンターを用いてトナーで行います。印刷というよりも、むしろ**コピーが進化した形態**といった方がいいかもしれません。

これまで大量につくり、販売することによって製造原価を低くするという考え方が主流の出版業界にあって、**需要に応じて製作部数を決定する**オンデマンド出版というアンチテーゼを、われわれは打ち出したのです。

私たちの提案したオンデマンド出版は、小部数印刷という考え方をさらに強く推し進めた「**無在庫主義**」をとりました。印刷原版データをコンピュータの中に蓄積しておいて、そのデータを預かる保管料を収入源としたのです。印刷製品費は原価すれすれに設定して、本の値段はなるべく安くする。そのかわりにデータ保管点数が増えれば、出版社からわれわれが受け取る保管料で、オンデマンド出版の推進体制も安定するという考え方です。

このような考え方はすでに米国では出版卸のイングラム社がライトニングプリント社(現在のライトニングソース社)という会社を設立して、事業化していることを、日本ＩＢＭの方々から教えていただきました。

新規事業の風はアメリカから吹いてくることが多いですが、このときも東からの風が日本の出版業界に吹いていたのです。

ブッキングは、日販の本社がある御茶ノ水の「瀬川ビル★」に営業拠点を置くこととなりました。設立当時は社員六名、アルバイト三名での出発です。

責任者の私と、私を補佐する管理職の竹林以外は、みな20代の若い生意気盛りな、生きのいい社員たちばかりでした。

若いメンバーたちはたいしたものです。伝統的な手法でうまくいかないと見るや、次々と新しい手法を繰り出してコンテンツビジネスの局面を切り開こうとしていきます。私は、ただただ彼らの意欲を形にしようとお金の工面に努めました。

月商一六万からのスタート

そしてこのオンデマンド出版は、当時としては画期的なことでしたので、マスコミにも華々しく取り上げられ、連日のようにテレビ画面や新聞紙面を賑わせました。

しかし、話題先行で実績がともなわない時期でした。

★瀬川ビル
当時の日販の菅社長は、同じ瀬川ビルに入居したインターネット事業である「本やタウン」とともに、「瀬川ビルは**業界の梁山泊**たれ」と叱咤激励されました。あのときの心の昂ぶりは、今も忘れることができません。

この一九九九年は、ブッキングの立ち上げに触発されたように、続々と印刷や流通系の大手企業が、われもわれもとオンデマンド出版事業★に名乗りを上げました。出版業界に**新しいムーブメント**を勃興させたような興奮が、私たちの周囲を漂っていた時期です。

いずれの会社も少しずつ事業に対する考え方が違ったり、めざす方向が異なっていたりしたように思えます。しかし、はっきりいえるのは、この頃から「**コンテンツ**」という出版物の中身を指す言葉が広く使われ出したことです。ソフトウェア重視に転換していく社会現象が、この言葉を通して形となっていました。

★オンデマンド出版事業
日販のライバルであるトーハンが凸版印刷と組んで新会社「デジタル・パブリッシング・サービス」を立ち上げたり、大日本印刷がＨＯＮＣＯ双書を旗揚げしたりと強力なライバル出現で、内心は焦りまくりでした。

オンデマンド出版イバラ道

しかし、正直いって、この事業に参入した、どの会社も儲からなかったのではないかと思います。

どれほど儲からなかったかというと、ブッキングの場合、社員六名で、ある月の月末の売上を締めてみても、月商一六万円なんて悲惨な時期もありました。どう考えたって、黒字になんかなりようがありません。毎日のように出版社にオンデマンド印刷できる絶版本を聞いて歩き、頭を下げる日々が続きました。

印刷価格に問題があるのかと考え、印刷コストを大きく下げてみたりもしました。しかし多くの試行錯誤も、この現状を打破するには至らなかったのです。

ある大手総合出版社の役員から「一冊売れる本をつくる手間も、一万冊売れる本をつくる手間も同じ。うちの社員の給料に、この仕事は見合わない」と言われたときはショックでした。また、あるコンピュータ系の出版社の役員には「左田野さん、まさかそんな少ない冊数で本をつくろうなんて言うんじゃないよね」と言われて、下を向いてしまったこともあります。

なぜ、オンデマンド出版は儲からなかったのか?

ブッキングができるとき、親会社の役員や仕入の幹部たちが、多くの出版社に、オンデマンド出版事業の必要性について、ヒアリングのために訪問したそうです。いずれの出版社の経営者もおおいに賛成だったそうです。

しかしながら、われわれが実際のコンテンツ獲得営業をしてみたところ、実態の多くは「総論賛成、各論反対」でした。いくら出版社回りをしても、なかなかコンテンツがいただけなかったのです。

つまり、「絶版をなくしたい」という理念はわかるけど、実際に、自社の人材やコンテンツを投下するほどの仕事ではないと判断されてしまったのです。

もちろん「総論賛成、各論賛成」の出版社も数多くありました。ことに博文館新社や岩波書店など積極的にオンデマンド復刊事業にコンテンツを提供してくださる出版社もありました。

しかし、協力的な出版社には専門書出版社が多く、文芸書や雑誌を持つ総合出版社からの協力を取り付けることは難しかったのです。

一時に多くのオンデマンド事業が産声をあげたことから、競争も激化しました。後発のライバル会社は、私たちが主要な収入源と考えていた「データ保管料」も無料としてしまいました。このことによって、もともと廉価に設定していたブッキングの印刷製本価格は、価格競争によって、ますます非経済的な低価格に陥ってしまいました。しかしながら各社とも大手企業がバックにある安易さから、この風潮に拍車がかかってしまい、意味のない**体力勝負のドッグレース**となってしまいました。

本来であればオンデマンド出版市場の勃興を育てるべき草創期であったのですが、それを目先のシェア争いで潰し合ってしまいました。

今思っても、あのときのことは残念です。

また、経済的な面とは違った意味での難しさもありました。

ある文芸書系の大手出版社の社長からは「本の製作に流通会社が進出してきて

欲しくない。オンデマンドといえども、本の製作は出版社の仕事である」というコメントをいただいたこともありました。これなどは出版業界における**政治的な面での障害**であったといえましょう。

また、技術的な課題も横たわっていました。私たちの取り組んでいたオンデマンド出版は、原本をスキャンニングするデジタルプリントでした。したがって、どうしても原本以上の複製物は生まれようがありません。ことに本文中の写真の再生におけるモアレ(しま状の斑紋)の発生、活字の文字太りなどの課題は完全にはクリアすることはできません。

世界一品質にうるさいといわれる日本の出版業界です。品質面でも、なかなか編集や製作の方々のお許しが出ないケースもありました。「読めればいい」では、なかなか通らないのが、日本の本のつくり手なのです。

ダメだとわかったら方向修正

製作と流通と消費者がボーダーレスになっていくＩＴ社会において、誰もが新しい可能性に意欲をのぞかせながらも、一方で見えない未来に一種の怯えを抱いている。

そんななかで、わたしたちは約半年間の営業活動の手応えのなさに、オンデマンド出版に対する根本的な方向の修正の必要性を感じはじめていました。

当初の「出版社からのコンテンツ受託型事業」そのものに、あまり**社会的なニーズがない**のではないかという疑念が生まれていたのです。


そして、いち早く、ブッキングでは進むべき方向を修正し、舵を大きく切りはじめたのでした。

旋回した方向には、次の三つがありました。

①カスタマイズブック

デジタルプリントが最も得意とする必殺技です。

たとえば、旅行ツアーの参加者に対して、オプショナルツアーの選択結果によって、配布される「旅行のしおり」が**それぞれ別の内容**になっているというような利用が可能です。つまり、個人データに応じた結果出力を行う手法です。

私たちは、これを「占い本」で応用できないかと考えました。「ステラ・フォーチュンダイアリー」と称して、人気女性占い師であるステラ薫子氏のコンテンツを利用して、生年月日と出身地のインプットによって違ったアウトプットが生まれる占い日記を開発しました。なかなか面白い商材ということで、世間の耳目を集めましたが、店頭に並べて売るわけにもいかず、ＰＲの難しさで大成功というわけにはいきませんでした。

このほかにも、アニメ設定資料集の巻末に、購入者のイニシャルを挿入するサービスなども試みてみましたが、局地的な成功に終わってしまいました。

②ユニバーサルブック

テキストデータさえあれば、デジタルプリントは活字の種類や大きさを自由に設定できます。弱視者用に大きなポイントの字で、読みやすい太いゴシック体の文字を選ぶことが可能です。

世の中でも「ユニバーサルデザイン」という言葉が一般化しはじめた頃でした。この計画も着想は面白かったのですが、不況のなか、主たる販売ターゲットであった図書館から「こんなに購入費が削減されては、一般書籍さえ購入しきれないのだから、大きな活字の本なんて購入するのは難しい」との否定的な感触しか得ることができませんでした。

③読者が望む復刊活動

私たちが注目した運動に、専門書の老舗出版社八社が、一九九七年から取り組んできていた「**書物復権運動**」という活動がありました。

岩波書店、みすず書房、東京大学出版会など主に人文社会科学系の老舗出版社が、それぞれ選んだ一〇点の品切本をリストアップして、読者からの葉書で復刊希望を募るというものです。各社は投票上位の各五点を重版し、名著に再び陽の目を当てようという試みです。私たちはこの運動をインターネットで運営してみては、という提案をしました。

始めてみてわかったことは、インターネットは「投票」にとても向いているということでした。

投票者はポストに行かずとも、切手も貼らずに楽チンで投票できます。運営する側も、得票数の集計などがコンピュータで即時に自動計算できるようになりました。

開催期間中、多くのマスコミに「**インターネットを使ったユニークな投票**」と取り上げられたこともあったのですが、結果的に二万人の方々がサイトに来場して、1200の票が投じられたのです。同時並行して行われた葉書による投票が800枚だったので、一同インターネットの力に、驚きました。

結果的に、私たちが挑戦した三つの事業のうち、二つは成功しませんでした。

しかし、そのなかで最も、われわれの本来の仕事の原点に近い「読者が望む復刊活動」が、新たな方向性としてみいだされました。以後、われわれは、この新たな可能性の事業化をめざして、努力していくことになります。

読者投票がつくるサイトの誕生

ついにサイト開設

そして、「書物復権運動」のインターネット利用の成功の余勢を駆って、投票の対象ジャンルを「専門書」だけでなく、すべてのジャンル★に広げた「**復刊ドットコム**★」を二〇〇〇年の六月に開設することになったのです。

このとき若手スタッフたちは、じつに面白い動きをみせました。

彼らは「復刊ドットコム」のスタートに当たって、提携可能な**コミュニティを持つ会社**を比較検討しはじめたのです。当時、彼らが比較検討していたコミュニティには、主に三つありました。

古書サイトの「紫式部」に「**ＥａｓｙＳｅｅｋ**《イージーシーク》」（現在は「楽天フリマ」に統合）、そしてリクエストサイトである「**たのみこむ**」です。

「**紫式部**」「ＥａｓｙＳｅｅｋ」は全国の古書好きな方々を数十万人も会員に集め

★ジャンルの拡大
「書物復権運動」の事務局を務められていた、みすず書房の持谷役員のアドバイスによるところが大きかったです。持谷氏の「ジャンルを広げてみたら」の一言が、その後のブッキングの方向性を決したといっても過言ではないでしょう。

ているインターネットサイトでした。古本探しが好きな人と、復刊投票を望む客層が重なるのではないかと考えたわけです。

「たのみこむ」は当時としてはユニークなインターネットサイトで、芸能プロダクション出身者が始めた事業でした。たとえば「モーニング娘。と茶話会で同席できるために、二万円出す人を三〇人集めれば成立」というようなビジネスモデルでした。

検討の結果、提携相手には「ＥａｓｙＳｅｅｋ」を運営するビズシークという会社が選ばれました。会員数の規模、運営する会社の資質など、今思い出しても、妥当な結論がくだされたと思います。さっそくビズシーク側と、提携について詳細な取り決めと契約書の締結についての話し込みを連日行いました。

お互いに、新しいサービスの出発に遭遇して、その将来性に胸を躍らせた楽しい仕事でした。

予想外の投票結果

さて、復刊ドットコム開設後、約五〇日が経過しました。

そこで、復刊投票の上位を見てみると、当初考えていた少部数の学術書、いわゆる古典的名著と呼ばれる専門書とはほど遠いジャンルの本に、多くの票が集っ

★復刊ドットコム
http://www.fukkan.com

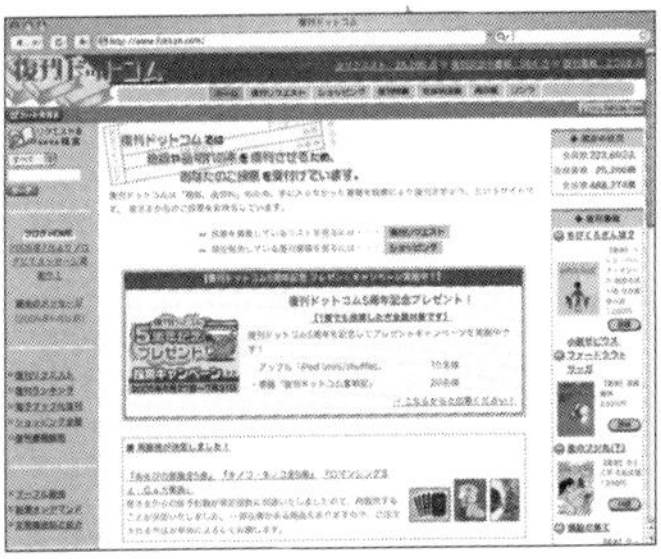

ていたのです★。なんと**コミックや文庫、ゲームの攻略本**などが上位に目立っているのです。これには驚きました。

インターネットのユーザー層を考えてみれば当たり前の結果なのですが、当初は投票結果にどう対処していいか、面食らってしまいました。

実際、復刊にあたって問題だったのは、これら人気書籍には低価格な本が多かったことでした。

出版印刷の世界では**製作部数と定価**は密接な関係があります。たくさんの部数であればあるほど、定価も下がるというのが常識です。文庫やコミックは初版数万部というのが普通です。したがって、五〇〜一〇〇部の復刊では、原本よりずっと割高になってしまいます。三〇〇ページくらいの本では、二千円は下らない価格設定になってしまうのです。

学術専門書なら高額な書籍が多いので、五〇〜一〇〇部で復刊しても問題はないでしょう。しかしコミックや文学作品の文庫本では、あまりに高い定価では読者が反発を感じます。

インターネットユーザーの主流は25〜35歳くらいの男性です。この世代はコ

★開設当時のランキング

1 藤子不二雄ランド（第一期全三〇一巻） 149票
2 ガイア・ギア全五巻 123票
3 あまいぞ！男吾 82票
4 Chance! Chance! Shutter chance 79票
5 ゾイドバトルストーリー全四＋一巻 77票
6 『.is』 72票
7 デファイング・グラビティー Newtonテクノロジーの誕生 67票
8 ダルタニャン物語全11巻 63票
9 スウェーデンのクロスステッチ1〜3 60票
10 小笠原植物図譜 59票
11 かくれちゃったのだぁれだ 55票
12 夢の中悪夢の中 55票
13 おうじょさまのぼうけん 50票
14 12色物語（上・下巻） 48票
15 コヨーテ 反逆のレジスタンス 46票

ミックやアニメのファンが多く、このジャンルの大量投票を招きました。このジャンルは、低い定価設定と高い品質★を要求される大量部数向けの分野で、復刊実現に高い障壁があることが予測できました。

また、多くのファンサイトが投票を呼びかけたことから、不仲で解散した音楽バンドの写真集など**難易度の高さが容易に予想できる**書籍が、投票上位のラインナップを占めたことも、運営側のわれわれを呆然とさせた現象でした。

「さぁ、困ったな」というのが、正直な心境でした。

ようやく復刊第一号が誕生

このように復刊ドットコムは開設したものの、三カ月間はまったく何の復刊書も刊行することができませんでした。

うまくいかなかった理由は、われわれが投票数＝製作部数と考えてしまったからで、前述のように「一〇〇冊で本つくる出版社なんかいないよ」と交渉先で笑われるような毎日でした。

しかし、その転機となったのが白泉社の復刊協力です。

白泉社は「花とゆめ」や「ＬａＬａ」などの少女マンガ誌で知られる出版社で、どちらかといえばややディープな作品を得意とします。白泉社の佐藤専務（当時）の

★高い品質
千部くらいつくれば原本と同様の印刷ができますが、一〇〇部くらいだと**デジタルプリント**という印刷になり、コミックではハーフトーンの背景や極細の線がやや飛んでしまうのです。
復刊といっても、かなりさまざまな技術・コスト的な制約があり、定価も品質もなるべく原本に復するよう努力していますが、まったく同じではないのです。

ご厚意で、三原順★『**かくれちゃったのだぁれだ**★』の五〇〇部の復刊が三原順先生のご遺族の同意を得て決まったのです。

五〇〇部という発行ロットは、白泉社クラスの出版社や著作権継承者の方々にとって、たいした利益にはなりません。交渉担当であった竹林のしつこさと熱意が、関係の方々の好意を奇跡的に引き出したのでしょう。

『**はみだしっ子**★』を代表作として、人間の深層心理に踏み込んだ作品を数多く発表していた女性向けマンガ家である故三原順先生(42歳という若さで永眠された)は、いまでも熱心な読み手を多数抱えています。三原氏の晩年の絵本作品である『かくれちゃったのだぁれだ』は、ファンが追い求める幻の絶版書でした。大判のカラーの美しい絵本です。

それでも、正直いって九〇名の方の購入希望投票に対しての五〇〇部の製作は「本当に売れるのかな?」と、われわれはドキドキでした。しかし、九〇冊だけつくっていたのでは、一冊あたり一万円にもなりかねません。したがって、白泉社からの「三〇〇冊以上ならつくってあげるよ」とのオファーに、崖から跳んでみることにしたのです。書店販売せず、**インターネット専売**★に徹しました。

しかし蓋を開けてみれば、三原ワールドの皆さまが「五〇〇部は固いわよ」と励ましてくださった通り、なんと**わずか一週間で五〇〇部は完売**。一人で「**読書用**」

★三原順
52年北海道生まれ。高校在学中の73年「ぼくらのお見合い」(「別冊マーガレット」三月号掲載)でデビュー。75年より開始した「はみだしっ子」シリーズ(「花とゆめ」掲載)は読者から熱狂的な支持を受ける。そのほかの作品に『ルーとソロモン』『ムーン・ライティング』『X Day』(すべて白泉社)など。95年に他界。

★かくれちゃったのだぁれだ
84年に白泉社チェリッシュ絵本館シリーズの一つとして刊行。「ムーンライティング」シリーズに登場するD・Dの子ども時代を描いた絵本。

と「保存用」に複数冊を購入してくださるファンの方もいました。そして復刊ドットコムの購入画面には、残り在庫数をカウントダウン表示したため、「売れ残っては、三原順ファンの名折れ」と、自分の友人に推奨販売するために、余分な冊数を購入してくださる方々もいたのです。

われわれの予想の範囲を超えた動きを、投票者の方々は見せてくれました。三原作品に寄せる読者の思いの深さを感じるとともに、ネットでの口コミ販売（マーケティング的には「バイラルマーケティング」というそうです）の新しい可能性を肌で感じることができました。

★はみだしっ子
親に見捨てられ心に傷を負った四人の少年が、子どもたちだけで愛を探して彷徨する、少女マンガ史に残る傑作。ウィットの利いた膨大な量のセリフ、細やかな絵柄が魅力的。75年、「花とゆめ」一月号にシリーズの第一作となる「はみだしっ子 part1 われらはみだしっ子」が掲載。

★三原ワールド
http://www.d1.dion.ne.jp/~k_ko/mihara.html
三原順のファンページ。

私たちは、ついに復刊商品を、読者の手にお届けして、喜びを分かち合うことができました。そして、大方の予想を裏切って、この復刊第一号となった『かくれちゃったのだぁれだ』は、90票の投票に対して、最終的に、なんと**二千冊以上もの受注**を記録しました。

こうして復刊第一号は、とても幸運なスタートとなったのです。

交渉情報を公開する

「復刊ドットコム」では、せっかく投票してくれた読者のためにも、投票された本に関する復刊交渉の途中経過や結果を開示しています（23〜25ページ参照）。

当初はもっと詳細な交渉情報を開示しようと思っていました。しかし、複数の出版社から開示情報について強い抗議が発生してしまったのです。

交渉していくなかで、絶版には二つの理由があるということがわかりました。

一つは経済的な理由、つまり発売以降、だんだんその本が売れなくなってしまったので、刊行できないという理由です。投票のラインナップに全集物が多いのは、出版社の全集維持の資金負担を考えると納得できます。コストのかかる復刊は、よほどの**数が売れないとペイしない**からです。

二つめは著者側の理由です。差別用語の使用、解散したバンドメンバーへの許諾、編集者と著者の感情的な軋轢、著作権継承をめぐる親族の紛争、版権エージェントの契約切れなど、復刊できない理由には事欠かない事情がありました。

これらのほとんどは、その内容を**公にできないケース**といえます。その交渉状況を公表すると、関係者のあちこちにご迷惑がかかるケースがほとんどなのでした。

また、交渉情報を書くに書けなくなってしまった事情がもう一つあります。それは企画に機密を要するということです。元出版社または著作権者の了解がいた

「交渉状況表」で、交渉状況が進展した書籍の新着情報を更新。

交渉状況表

■新着交渉情報（最近交渉情報が追加されたものです）

更新日	書名	状態	交渉内容
2005/05/22	宮本から君へ　全6巻	未交渉	交渉情報はもうしばらくお待ちください。 公開可能な交渉情報がございましたらすぐに…
2005/05/22	ブレスオブファイアIV うつろわざるもの…	未交渉	交渉情報はもうしばらくお待ちください。 公開可能な交渉情報がございましたらすぐに…
2005/05/22	MASTERキートン	未交渉	交渉情報はもうしばらくお待ちください。 公開可能な交渉情報がございましたらすぐに…
2005/05/20	クリスタニアRPG	交渉中	（事情により交渉内容は公開できません。ご了承ください。）
2005/05/20	シャドウラン	交渉中	（事情により交渉内容は公開できません。ご了承ください。）
2005/05/20	戸川純　JUN TOGAWA AS A …	交渉中	（事情により交渉内容は公開できません。ご了承ください。）
2005/05/20	霊の実在	交渉中	（事情により交渉内容は公開できません。ご了承ください。）
2005/05/20	ドレミふぁんくしょんドロップ	交渉中	（事情により交渉内容は公開できません。ご了承ください。）
2005/05/20	平安時代史事典	未交渉	交渉情報はもうしばらくお待ちください。 公開可能な交渉情報がございましたらすぐに…
2005/05/2			

状態アイコン

未交渉
未交渉、または交渉予定のものです

連絡済
出版社へ投票数到達のメール連絡が済んでいるものです

交渉中
現在交渉中のものです

こう着
諸処の事情から交渉が難航しているものです

残念
残念ながら交渉の継続を断念したものです

決定
復刊が決定したものです

確定
復刊実現して販売可能なものです

交渉情報入力日	2003/06/17 23:29:33	交渉方法	訪問

交渉情報追加
本日、出版社さんから「確定」のお話しを頂きました。二ヶ月程度で復刊できそうです。発売日が固まりましたら、定価情報（たぶん同じくらい）と共に、ご連絡いたします。

交渉情報入力日	2003/06/10 16:04:22	交渉方法	メール

交渉情報追加
角川書店さんから復刊に向けて、良好な回答をいただきました。今後、定価、発売時期など詳細な取り決めに入りたいと思います。

交渉情報入力日	2003/05/29 22:44:56	交渉方法	電話

交渉情報追加
再度、重版のプッシュを角川書店さんにお願いいたしました。

交渉情報入力日	2003/05/13 23:03:26	交渉方法	訪問

交渉情報追加
出版社さんに復刊検討の継続をお願いいたしました。

交渉情報入力日	2003/05/13 23:03:26	交渉方法	訪問

交渉情報追加
出版社さんに復刊検討の継続をお願いいたしました。

交渉情報入力日	2001/09/04 11:43:14	交渉方法	訪問

交渉情報追加
調査中で、明確な返答なし。

交渉情報入力日	2000/09/09 09:31:30	交渉方法	未記入

復刊交渉決定
交渉情報はもうしばらくお待ちください。 交渉スケジュールが決定次第ご連絡します。

それぞれの書籍の交渉状況を公開。

交渉状況

「METHODS 〜押井守『パトレイバー2』演出ノート」の交渉状況

最終交渉日	2003/9/22	状態	決定

交渉情報入力日	2003/09/22 15:36:29	交渉方法	訪問
交渉情報追加			
重版出来が10月上旬に決定いたしました。品切れで、お待ちの皆さま、ご迷惑をおかけいたしました。お待たせしましたが、来月中旬までには、御手元に、本書をお届けできます。			

交渉情報入力日	2003/09/11 09:35:49	交渉方法	電話
交渉情報追加			
出版社の窓口担当の方と重版について、打ち合わせをさせていただきました。お待たせしておりますが、今、しばらくお待ち下さい。			

交渉情報入力日	2003/08/28 23:23:44	交渉方法	電話
交渉情報追加			
出版社さんに、重版を交渉中です。			

交渉情報入力日	2003/07/31 08:30:08	交渉方法	電話
交渉情報追加			
印刷製本スケジュールが決定しました。8月25日前後の発売日になる予定です。いよいよ、あと少しです。			

交渉情報入力日	2003/07/04 20:23:30	交渉方法	電話
交渉情報追加			
刊行部数決定で、出版社さんと最終調整中です。			

だける前に、交渉情報を公表することは事態を紛糾させます。

具体的にいえば、トンビが油揚げをさらってしまったり、横ヤリが入る可能性があるということです。つまり、せっかく交渉が進行していても交渉過程を開示することによって、現実には中断や再検討といった障害が各所から入る可能性が高くなるのです。

しかし、投票者からは、**交渉結果の開示**★を切実に望む声が少なくありません。復刊を望む読者の立場に立てば、当然の意見だと思います。さまざまな事情はあるとしても、復刊ドットコムと投票者の絆をいかに保つべきか、いつも葛藤しています。

★復刊交渉情報の開示について
投票者が、最も関心があるのが「交渉状況」だと思います。自分の投票した書籍が復刊され手に入るのかどうか？　オークションなどで高値で見つけたが、復刊を待った方がいいのか？　これらはじつに切実な問題です。

投票アイテム数が二万点を突破！

復刊ドットコムの投票アイテム数は、二〇〇五年二月二〇日現在で、二万三千七二七銘柄にも登っています。

現在まで復刊できた書籍は、一八八六点。これに対して「残念」となったのは一一五点。よくも悪くも結果が出たのは、全体の約８・４％にすぎません。

毎日、投票数が増えていくのはうれしいかぎりですが、点数が広がれば交渉の人手が足りなくなってしまいます。実際の出版社、著者交渉に当たっているのは、厳密にはわずか二名ですので、交渉している書籍は**一人当たりで四五〇点以上**です。

一点当たりの票数が増えるのは、バイイングパワーがアップするので出版社や著者も説得しやすく、定価も下げられるので、ありがたいのです。しかし、投票点数が増えていくのはつらい現象でもあります。交渉先のバラエティーを拡げたいのはやまやまですが、もはや全部は交渉しきれなくなっているというジレンマに悩みます。掲示板やいただくメールを拝見しても、「未交渉が長いのは困る」「いつになったら交渉してくれるのか」といったメッセージが数多く見られます。

復刊ドットコムは、基本的に復刊成功銘柄を販売する利益によってしか、かかった経費を回収することができません。交渉することによっては、**何の利益も生みません**★。収益をあげねば、次の交渉に取りかかる体力がなくなってしまいます。どうしても部数が小さいので、定価設定が原本並みに抑えられないこと、待たせる時間が長くなってしまうことなど、投票者には申し訳なく思うことでいっぱいです。

そんななかで、交渉に努力したり、工夫したりの毎日ですが、何か復刊実現や収益改善にいい知恵や情報、ご意見があれば、どんどん掲示板に書き込んだり、メールを寄せてください。原本をお貸しいただいたり、寄付してくださるのも、

★何の利益も生みません

「復刊ドットコム」の運営は、あくまで復刊した書籍の売り上げによって賄われています。広告も取っていなければ、投票も無料ですから、当たり前です。しかし、復刊書籍は、すべてが復刊ドットコム専売とは限らず、書店でも購入できるものもあります。そうした場合、復刊ドットコム以外で、こぞって買われてしまうと、「復刊ドットコム」の運営ができなくなります。

これが、普通の新刊書ならいざ知らず、復刊投票や交渉を通じて、必死で手塩にかけてきた復刊本だけは（人件費も交通費も調査費もかかっています！）、「復刊ドットコム」で買ってほしいという気持ちです。

いつの間にか、書店で発売されて、いつの間にか売れていたということが、最も困ります。ときおり、出版社や著者の方から「おかげさまで復刊できました。ありがとうございました」と感謝のメールをいただきます。しかし、こちらとしては「知らなかった」というケースが、ままあるのです。

復刊実現のためにおおいに役立ちます。

コミケ、そのエキサイティングな広場

われわれの仕事納めは、例年三十日です。なぜかといえば、コミケ★があるからです。

コミケは大きくサークルゾーンと企業ゾーンに大別されています。さらにサークルゾーンは東会場と西会場に分かれています。有名なコスプレ広場は、企業ブースのそばにあります。アニメの世界から、そのまま抜け出してきたような少女たちが、カメラの前でポーズをつくっています。広大な会場を津波のように人々が駆け抜けていきます。

そして復刊ドットコムも、企業ブースに出展しています。とはいえ小規模出展ですから、長机一本のお店です。しかし、二〇〇〇年度は三日間で、四〇〇人以上の方々にお買い上げいただきましたので、訪れてくださった方は二千人いらっしゃったのではないでしょうか。

女性のお客様は三原順作品を、男性のお客様はアニメの設定資料集をお求めくださった方が多かったです。三日間、皆勤賞だった竹林とアルバイトの池田女史

★コミケ
コミックマーケットの略。コミケットともいう。三〇年以上の歴史を持つ世界最大の同人誌即売会で、主に八月中旬頃(夏コミ)と年末(冬コミ)の年二回、有明の東京国際展示場(東京ビッグサイト)で開催される。04年冬コミでは二日間で約二万三千サークルが参加、入場者は約三七万人を数えた。また一〇〇を超える企業が出展した。

が奮闘してくれました。来場者は、みんな食事もせず、ひたすら各ブースの物色に勤しんでいます(食堂はあまり混んでいないのです)。大きなリュックサックやカートを引いて、それらが一杯になるまで、お目当ての本を買って買って、買いまくっています。すごいパワーです。

われわれビジネスパーソンも、こういう場に立っていないといけません。コミケのような場所は、購買に際する人間の人いきれが充満する**根源的な活気**が溢れています。その空気は、ビジネスという義務に飼いならされた現代社会人たちに、買い物の喜びという生命力を吹き込むからなのです。

出展には、売上以外にもう一つ、思いもかけぬ収穫がありました。池田女史は、コミケ前夜に案内用のカタログと首っぴきで何やら調べ物をしていました。聞けばコミケ出展者のなかには、多くの復刊投票上位のマンガ家がいらっしゃるとのこと。さて当日の会場で人ごみをかき分け、かき分け、出展ブースを探し当てます。こういうコミケの活用方法もあるんだなぁと、彼女の機転に感心した次第です。「ここまでやる必要があるのかな?」という内心の躊躇もありましたが、自分が行けば、きっと投票者の方々が喜んでくださる結果が得られると思って、忘年会疲れの身体に鞭打って出陣しました。

やはり、行けば行ったなりの成果がありました。全部で七名の著者の方に直接お会いすることができました。どの方も、ご自分の著書に多くの復刊投票がされていることを誇りに思ってくださり、私が復刊を希望する旨を伝えますと、いずれも喜んでくださいました。お会いできなかった方には名刺を渡して連絡をお願いしてきました。

ダルタニャン物語と藤子不二雄Ⓐランドという大きな壁

ダルタニャン物語を刊行する

古書売買の世界で、伝説になっていた本がいくつかあります。

その一つが「**ダルタニャン物語**★」でした。愛好者たちは憧れを込めて「ダル物」と呼んでいます。

この本は「モンテクリスト伯」などで親しまれているアレキサンドル・デュマの代表作で、「三銃士」「鉄仮面」など誰もが知っているお話はそのなかの一名場面なのです。その全貌は、われわれにはよくつかめませんでした。復刊の希望者も多く、何しろ大デュマの作品ゆえ著作権が問題になるはずもありません(著作権は作者の死後五〇年で消滅します)。

なぜ、このような古典が絶版になっているか謎でした。

★ダルタニャン物語

「日本では「三銃士」はおなじみなのに、日本唯一の完訳が絶版なのはおかしいです！ ぜひとも復刊してください。世にある「三銃士」部分だけではあの作品の面白さ、痛快さ、素晴らしさはわかりません！(2000.07.14 chiyopin)」

出版元に確認したところ、古い訳文であるため、現在の出版では使ってはならないような**差別用語が頻出**しており、出すに出せないとのことでした。

私は「ダル物」が絶版になった事情を知った時点で、この本の復刊をどうするか悩みました。悩んだ末に、菅社長に相談しました。「縁があるなら、やらないより、やった方がいい」と激励され、結局、二〇〇一年の二月に「ダルタニャン物語」をブッキング発売で復刊することに決めました。訳者であり学習院大学名誉教授でもある鈴木力衛氏の著作権継承者★の方が、復刊を快諾してくださったからです。

もちろん翻訳に若干の修正を加えねばなりませんし、何しろ全一一巻です。ブッキングには荷が重過ぎる仕事かなと思いましたが、社員全員で話し合い、「避けて通れない道」と前進を決議しました。

このことは、ブッキングにとって、新しいステージを意味しました。これまではオンデマンド出版や復刊のために出版社の協力をするという仕事でした。しかし「ダル物」のような仕事を進めることは、ブッキング自身が出版権を獲得するライツビジネスの領域に踏み込んでいくことを意味します。つまり出版社になるということです。この「ダル物」は、その第一歩でした。

★著作権継承者
著者の死後五〇年間、印税収入や出版権契約の締結をする権利を著作権法で保証された遺族などのこと。著作権協会が著作権台帳によって、閲覧可能な状態で管理している。

著作権継承者の方々との出会い

　スタッフたちにも「ダルタニャン狂い」といわれるくらい、私はこの本に入れ込みました。出版に当たって、その原本を全巻通して読んでみましたが、面白いの何の。さすが娯楽小説の王様、大デュマです。**社運まで賭けてしまった**だけのことはあります。

　訳者の鈴木先生は、もう二〇年以上前にお亡くなりになった方ですので、現在では鈴木先生のお嬢さんが著作権を継承されています。フランス文学の伝統ある学者一家で、たいへん物腰も柔らかく、気品高い方でした。また人脈もすごいなと思いました。亡き父君の「ダルタニャン物語」の復刊を、とても喜んでくださったお嬢さんは、契約のその場で鈴木先生の門下であった篠沢秀夫教授に電話してくださって、推薦文を書いてくださる了承を取ってくださいました。ほかにも蓮實重彦先生や、NHKアナウンサーの磯村氏にも働きかけてくださるとおっしゃるので、私はもう頭がクラクラしてしまいました。

　ダルタニャン物語だけでなく、復刊第一号となった三原順作品も、やはり著者の方はすでに亡くなられていましたので作者のお兄さまが著作権継承者となられて、われわれの復刊活動に多大な協力をしてくださいました。

　ブッキングのような仕事をしていると、この「著作権継承者」という方々との接点が自然に多くなってくるのです。

ファンクラブの協力

「ダルタニャン物語」の完成については、「**三銃士ファンクラブ銃士倶楽部**★」の存在を抜きに語れません。

「銃士倶楽部」はダルタニャンひいては三銃士というキャラクターを愛する女性の方々のファンクラブです。会報のような小冊子も作成されて、コミケ会場で頒布もされています。どちらかといえば、ダルタニャンやアラミスを、ベル薔薇的に愛しているのかなという印象の皆さんです。リーダー格の方は、愛知県の図書館に勤務されている方で、ダルタニャンや三銃士関連の書籍やDVDは片っ端から購入されているだけでなく、毎年、フランスのダルタニャンゆかりの地を旅行して訪問しています。訪問時には、ダルタニャン関連の資料や文献があれば、それらを購入しコレクションされているため、出版社の編集者からも資料提供を求められる有名人です。

われわれも「ダルタニャン物語」を新装復刊する際に、表紙カバーの絵は、彼女が収集してきた名場面の絵を使用させてもらいました。こんなことは普通の出版社ではやらない素人らしい製作裏話ですが、インターネットの交流が、販売やP

★三銃士ファンクラブ銃士倶楽部
http://www.cac-net.ne.jp/~louis/
デュマの「三銃士」に関する総合情報ページ。
あらゆる三銃士文化について紹介。

Rだけでなく、本づくりにまでお世話になることのできた愉快な経験でした。いかにも復刊ドットコムらしい話でしょう。

出版についてはまったくわからなかった……

今回『ダルタニャン物語』をブッキングから刊行しようということになって、じつはわれわれはまったくわからないことだらけであることに気がつきました。そこで、指南役をお願みしたのは嶋中書店社長の嶋中行雄★氏でした。

「出版を志すなら、早く取次の意識を捨てなさい」と氏はおっしゃります。日販の社員として流通させる立場で本を知っていても、つくる立場に回れば戸惑うことばかり……。書店で販売するならスリップを印刷して本に挟んでおかねばならない、奥付の発行日の記載、印税率の設定など、言われてみれば当たり前でも、製作の工程としては、なかなか決定できません。

最後は嶋中社長に「これ読んで勉強なさい」と日本エディターズスクールの資料を渡されたくらいです。

氏の発言や考え方は、流通のビジネスの世界で生きてきた自分とは大きく隔たる部分があり、素直な生徒でない私は反発を感じて反論してしまうこともしばしばです。

★嶋中行雄
かつての中央公論社の社長だった方。華族を思わせるロマンスグレイの痩身は、さすがに一流を極めた方という印象です。じつは出版業界を志望していた大学生時代、ゼミの教授が嶋中社長と同窓生だった関係で、嶋中氏のもとへ会社訪問したこともあります。当時の氏は、中央公論社の海外事業室長であったと記憶しています。今回、こんなご縁をたどって、ブッキングが新装版としての本を制作するに当たり、その指南役を務めていただくことを引き受けてもらいました。しかも、嶋中社長は『ダルタニャン物語』の訳者であり、フランス文学の泰斗である鈴木力衛先生の薫陶を深く受けていらっしゃったご縁もありました。

しかし、ようやく大日本印刷から刷り上がった本が届きました。復刊ドットコムから生まれた本格的なブッキング編集製作の本、組版からすべて取り組んだ記念すべき第一号です。

そしてついに「ダルタニャン物語」の発売！

二〇〇一年二月九日が「ダルタニャン物語」の発売日でした。

この日はいよいよブッキング初の本格出版物が世に出る日ですから、何となくソワソワ、ソワソワソワ、落ち着きません。ブッキングは丸善御茶の水店と同じビルに入っているので、まずは丸善を視察。うん、並んでいる。丸善では、雑誌棚の対面の「話題の書コーナー」で、表紙陳列されていました。新刊の平台でないのが残念でしたが、まずはちゃんと目立っていたので一安心です。

しかし、表紙は地味で渋くて格好いいのですが、ほかの本に混ざって陳列されると**目立たないように思えて、**またまた不安になってきます。

午後には大型書店担当の日販の営業課長さんたちと、書店での販売強化について打ち合わせました。私は出版社としても、取次としても営業経験がないため、皆さんの「あれやれ」「これやれ」に、「はい」「やります」を繰り返すのみ。

夕方になって、心配になり、今度は八重洲ブックセンター本店へ。なかなか見つかりませんが、ありました、ありました。一階の外国文学コーナーと、話題の書コーナーと二カ所に展示されていました。なかでも外国文学コーナーでは、お店の方が立派なＰＯＰをつくってくれていました。うわっ、感激！　思わず胸が熱くなりました。

よく出版社の営業が、自社の出版物をそっといい位置に動かすなんて話が「本の雑誌」なんかに出てきますが、本当に気持ちがわかりました。私は小心者なので、そんな行動はしませんでしたが、本の表紙に隠れてしまった「ダルタニャン物語」のステッカーを目立つように直したり、もう一つおまけにくっつけてきたり……。

自宅に帰って、今度はインターネットをチェック。三銃士ファンクラブの方々の掲示板を覗きます。みんな何て言っているだろう。好評のようです。よかった！表紙が気に入ったとか、原訳に忠実だとか書いてくれています。値段に不満を漏らしていらっしゃる方もいたけれど、講談社や小学館のように何万部もつくっているわけじゃないので、二万二千円が精いっぱいなのです。

朝日新聞にも広告を打ちました。これまでも「本の雑誌」や、「ダ・ヴィンチ」に広告を打ちましたが、なんといってもこれが最大の広告です。神さま、お願い！という感じで、日曜出勤して電話注文に待機しました。収穫はその日は六件の電話注文。まずまずの手応えに、精神的にも充足感に満たされた一日でした。

「**藤子不二雄Ⓐランド**」創刊の発表

二〇〇二年の**東京国際ブックフェア**★では、復刊投票1446票を集めた**藤子不二雄ランド**★の復刊交渉の結果報告をすることを決めました。

はたして交渉の結果は、「残念」か「決定」か？　会場のパネル掲示によって発表することにしたのです。

もちろん、この日が「**藤子不二雄Ⓐランド**」創刊の正式な発表日となりました。

「藤子不二雄ランド」は全三〇一巻という、元々が中央公論社から刊行されていた大全集でした。

もちろん、中央公論社には復刊交渉にうかがいましたが「難しい」との回答でした。こうなると、もう

★東京国際ブックフェア
世界二五カ国から六〇〇社の出版社が一堂に集まる日本最大の本の展示会。会場は東京ビックサイト。コミックから児童書、人文、社会、理工書、洋書などあらゆるジャンルの本が会期中限定の割引価格で購入できることから、業界関係者のみならず一般の入場者も多い。

★藤子不二雄ランド
84年、鳴り物入りで登場した**藤子不二雄**全集。第一期・全三〇一巻を出版し、多くの絶版タイトル、初の単行本タイトル、単行本収録漏れのエピソードを収録し、古本等で高価な額と引き換えに読むしかなかった作品群が廉価で読めるようになるというすばらしい機会となった。

★藤子不二雄
小学校のときの同級生だった藤本弘と安孫子素雄の合作として、数多くの作品を残す。「足塚不二雄」でデビュー。その後「藤子不二雄」に改名。63年、『てぶくろてっちゃん』、『すすめロボケット』で、第8回小学館漫画賞受賞。その後、『オバケのQ太郎』、『パーマン』、『21エモン』などの人気連載を続ける。69年には、『ドラえもん』の連載を開始、大ヒットし、73年にはテレビアニメ化、同年、日本漫画家協会優秀賞を受賞。87年、「藤子不二雄」のコンビを解消後は、**藤子・F・不二雄**、**藤子不二雄Ⓐ**としてそれぞれの作品の制作にあたる。

★藤子・F・不二雄
33年生まれ、富山県出身。本名藤本弘。「ドラえもん」「パーマン」「エスパー魔美」など作品多数。92年、日本漫画家協会文部大臣賞受賞。96年に永眠。97年には手塚治虫文化賞マンガ大賞受賞。

★藤子不二雄Ⓐ
34年生まれ、富山県出身。本名安孫子素雄。「忍者ハットリくん」「怪物くん」「プロゴルファー猿」「笑ゥせぇるすまん」など作品多数。05年に日本漫画家協会文部科学大臣賞を受賞。

自分たちがリスクを背負って刊行するしか道はなくなります。それでもまだ不安だったので藤子作品に強い小学館からの刊行も編集サイドに打診いたしましたが、やはり同様の回答でした。

こうして、ついに出版社からの復刊は断念せざるを得ませんでした。

そして縁あって、藤子不二雄Ⓐ先生の作品に限り、Ⓐ先生ご本人より、ブッキングから復刊するご了承をいただくことができました。

しかしながら、現時点では、藤子・F・不二雄先生の作品については、関係者の方々から復刊の了解をいただけておりません。したがって「藤子不二雄Ⓐランド」の刊行で片肺飛行ながら出発することにしたのです。

何しろ、この全集はⒶ先生の作品だけでも全一四九巻という金字塔的な集大成です。復刊するにも会社の存亡がかかっていました。

どうリサーチしていったかといえば、そこは復刊ドットコムです。刊行の計画立案に際しては、「**藤子漫画出版署名運動**★」サイトをはじめとした、多くの方々にご協力をお願いしました。本の仕様や作品の人気度など、多くアンケート調査をさせてもらったのです。調査結果についてはⒶ先生にもご覧いただいて、復刊計画の参考とさせてもらいました。

★藤子漫画出版署名運動
http://www.ffgallery.com/sign/
出版社に藤子不二雄全集の刊行を働きかけるためのサイト。

そういう意味で、この全集もやはり投票者とわれわれが一体になって復刊した作品といえます。発表の会場には、中央公論新社の方々も数多く「藤子不二雄Ⓐランド復刊決定」の告知パネルを見に来てくださいました。パネルを見上げる中央公論新社の方々が「懐かしいなぁ、俺、この本よく書店に販売に行ったよ」と、うれしそうに話している会話が、耳に飛び込んできます。

同じ業界の連帯感を感じながら「復刊してよかった」と思う一瞬でした。

ついに「藤子不二雄Ⓐランド」完成

本をつくった役得として、発売日の前、真っ先に出来上がった本を手にすることができます。足かけ二年の歳月を経て完成した「藤子不二雄Ⓐランド」の初回発売分★の四冊が、手許に届きました。

今回の刊行に至る過程には、「ダルタニャン物語」の際とは比較にならないほどの関門がありましたから、感慨もひとしおです。

考えてみれば、「ダルタニャン物語」の際は、われわれが慣れていなかったから、オタオタすることはあっても、あまり刊行に向けた曲がり道は少なかったように思います。

しかし、今回はさすがが、藤子不二雄Ⓐ先生、われわれが企画したこと自体の社

★初回発売分
『怪物くん』の一巻～三巻、『ビリ犬』の四冊のラインナップでした。

藤子不二雄Ⓐのメッセージ

ぼくが漫画家になって今年がちょうど50年目になります。それを記念して「藤子不二雄Ⓐランド」が発行されることになり、とてもうれしく思います。リストを見て「えーっ！ こんなに描いたのか？」と自分でびっくりします。よく「どの作品、どのキャラクターが一番好きですか？」と聞かれますが、みんな、ぼくの子供、分身のようなもので、一番をえらぶことはできません。でも、この全集がでたら、ぼくは皆さんといっしょに一読者になり、作品とキャラの好きなベスト10をつくってみようと思っています。

「Ⓐランド」は、長い長い間の刊行になります。どうか皆さん、ズーッと完結まで楽しくおつきあいください。

ついに完成した

藤子不二雄Ⓐランド

思えば、復刊ドットコムの**投票第一号**は「藤子不二雄ランド」でした。
復刊ドットコム開幕早々から首位独走だった「藤子不二雄ランド」は、
もちろん**交渉開始の第一号**でもありました。
2000年5月、復刊交渉を開始。元出版社から復刊ができないため、
2年におよぶ安孫子先生との話し合いの末、
ついに2002年6月、ブッキングからの発売となりました。

会的リアクションが、よい意味でも、そうでない意味でも大きかったのです。けれど、耐えたことの大きさの分だけ、喜びも大きかった。

今回の編集は、復刊対象となった原本の「藤子不二雄ランド」と違い、巻末のマンガ、セル画がありません。技術的にも、コスト的にも、どうしても再現が難しかったのです。しかし、そのかわりとして、一つの趣向を用意いたしました。スタッフの竹林による発案で、表紙カバーの折り返し部分にセル画を縮小して収録しました。購入してくださった皆さんへの恩返しの気持ちです。

一万円札のお賽銭

発売日の前日、一足先に宅配便で本が届いているネット予約の方から、掲示板にはいろいろな喜びの声が書き込まれたりして、臨場感は高まってきます。

妻をともなって商売繁盛の神様である神田明神にお参りにも行ってきました。夜の神田明神は、人気も少なく静まり返っています。今までお賽銭なんか最高でも百円しか入れたことがなかったのに、この日は**一万円札を入れて**、しばらく「藤子不二雄Ⓐランド」の成功を黙とうしました。「ずいぶん張り込んだわね」と、横で妻が目を丸くしていました。自分のこづかいが一万円減るくらいで、この全集を最後まで出し続けられて、成功させることができるなら惜しくはありません!

発売当日の土曜日の朝。書店や読者の方々からの問い合わせが予想されるため、出勤は実務を一番よく知っている岩本に任せて、自分は休みを取りました。

いつもなら朝は寝ていますが、その日は早起きし、まずは、朝日新聞に初めて打った「藤子不二雄Ⓐランド」の半五段広告を確かめました。四面の政治欄にしっかり載ってます。「よしよし、外側のいい位置だな」。

続いて、じっとしていられないので、自宅近隣の書店とコンビニエンスストアを見学して回ります。三軒目にして、ようやく『怪物くん』と『ビリ犬』を発見。「やぁ」と思わずその背表紙に声をかけたくなります。その後、立て続けに『怪物くん』と『ビリ犬』が並んでいるのを見つけて、上機嫌でした。

二年がかりの「藤子不二雄Ⓐランド」の復刊。当時は信じられないような思いでしたが、これを成功させて、さらに復刊の実績をあげていくための決意を新たにしたものです。

読者の皆さんと夢を共有できて、しかも共同作業を行える幸せな仕事でした。

出版社が復刊できない本

「出版社が復刊できない本」を復刊するための編集部を設立

二〇〇三年三月最初の氷雨降る土曜日、ブッキングはオフィスのレイアウトを一新しました。ブッキングに編集部を設立したのです。

小学館、メディアワークスで編集経験のある染谷氏を編集長としてお迎えするため、汗を流して、大模様替えを敢行。メディアワークスからきてもらった染谷編集長と、日販からの出向の柳との二人だけの小さな編集部です。

復刊交渉という活動は、元来が出版社で経済的に刊行の継続が難しいと判断したり、何らかの理由で著作権者との関係が切れてしまったりしているため、たとえ出版社の担当者が前向きであったとしても、そう簡単には復刊が叶わないのが現実です。そのため、どうしても好むと好まざるとにかかわらず、ブッキング発売とせざるを得ない本が増えてしまいます。

しかし編集部のない悲しさ、そう簡単に本づくりが進みませんでした。この自社編集部設立で、復刊をぐっと進みやすくさせる体制を整えました。出版社での復刊を交渉の基本としつつも、次善の策であるブッキング発売での復刊によって、少しでも皆さまの投票の声に応えていきたいと考えたのです。

編集部の刊行第一作

小さいながらも発足した編集部の刊行第一作は**『語《かたる》シスコ［ゴリ×三］初期作品**

集★』でした。ボーイズラブ系★マンガ家である語シスコ★の同人時代の作品『とどめをハデにくれ』と『やっぱハッピー』という貴重な作品二本が、新たな合本として生まれ変わったのです。

しかも先生のご好意で、「復刊まえがき」などを含む、描き下ろし四ページのボーナスページ付きとすることができました。オークションで高額で取引されていることを憂いていた先生の優しさに、ようやく復刊ドットコムとしても、報いることができてうれしい限りです。編集部発の復刊本が多発するという狼煙のようなものとなりました。

さまざまな企画・復刊がどれだけ利益を生んだのか？

出版社にとって刊行した書籍が利益を生んだかどうかという結果は、営業も編集もおおいに関心があるところです。そんな分析をしたことがありました。

本来なら自分たちでやらねばならないのですが、われわれ、もう復刊交渉で手一杯で、とてもそこまで手が回りませんので、日販の優秀なスタッフに助太刀をお願いしました。

二〇〇四年度のものですが、その結果は、全体で16勝4敗3引分といったところでした。復刊出版は小部数が多いため、もっと勝率は惨憺たるものではないか

★語シスコ「ゴリ×三」初期作品集
某週刊少年誌に掲載された大人気バスケマンガ「SL○M DUNK」の同人誌。ちなみに「ゴリ×三」とはゴリが「攻」で三(三井)が「受」ということ。

★ボーイズラブ系
BL系。詳しくは109ページ参照。

★語シスコ
ハードな作風のボーイズラブがメインのマンガ家。主な掲載誌は「BOY'Sピアス」「コミックJune」「花音」など。

と予想していましたが意外でした。『はせがわくんきらいや』『それからのハイジ』のように、人気が高く何度も重版がかかっている作品はともかく、ほかはどうだろうなというのが正直なところでした。

しかし、重版がかかった好成績を◎とすると、◎が九点。そして編集部運営の間接費含めた黒字が七点。印刷や製本などの直接費までが黒字な本が三点。直接費だけでも赤字だったのが四点でした。少ない部数でも、やりくりによって採算が取れたという意味で、まことに心強い結果でありました。これからの復刊に弾みがついたのです。

新しいコミュニケーションの場

出版社との共同復刊へ

復刊ドットコムもようやく業界で認知されてきましたが、**NPOと勘違い**★**されたり**、各出版社の重版データとして復刊ドットコムにおける投票数が珍重されることは当たり前となってきています。

復刊ドットコムは、品切れ書籍へのリクエストという見えない**市場ニーズを顕在化**するサイトです。それは編集者の企画の泉ともなります。

★NPOと勘違い

復刊ドットコムでは、投票はもちろん、復刊交渉、情報提供なども**無料で**行い、それらのデータをもとに、元出版社から販売していただけるように交渉しています。そうなると、復刊ドットコムはNPO（非営利団体）であると誤解される方も多いのです。

困った現象です。霞を食っては生きていけません。だから、投票結果を参考にして復刊された書籍については**サイトでの先行販売**をお願いしています。

もちろん、復刊サイト以外で購入できる場合、読者の方には、限定した場所でご購入する義務はありません。しかし、皆さんがここで投票して、ここで購入していただくことで、復刊活動は強く、いつまでも継続することができます。

われわれにも「散々、お手伝いして、その結果が漁夫の利では……」という気持ちもあるのですが、それ以外に、復刊ドットコムのようなコミュニティの場はそう簡単に育たないの復刊ドットコムに非常に協力的な岩波書店では、重版の検討会議には復刊ドットコムにおける自社書籍の投票データをプリントして配布されているそうです。東京創元社の方々からも「復刊ドットコムは参考になる」といわれました。重版が出版活動の中心となる児童書業界でも、重版の検討基準に使っている出版社は多いと聞いています。

しかしながら、明らかに復刊ドットコムの投票を参考に、他社の出版物を復刊・刊行する企画のアイデアに用いている出版社もあります。残念ながら、これらの出版社は、われわれに発売を連絡してくれることは、あまり多くありません。たいていは販売協力の申し入れを行って、復刊リクエストの投票者に発売の案内を先行させてもらうことで、販売の恩恵にわれわれもあずかれます。

しかし、このような情報収集も、投票数や投票アイテム数が拡大するにつれて、限界となってきました。何か対策を考えねばならない時期にきました。

具体的には復刊活動に協力してくださる出版社には、より深い出版情報をお知らせしたいと考えています。そして情報だけをタダ取りして、何食わぬ顔をして出版している出版社に対しては、投票情報をクローズする時期にきたのではないかという考えもあります。

これまで、われわれは公開性をもってよしとしてきたインターネットの特質を、

だということを、知ってもらいたいなぁと思うのです。

運営方針のなかで第一義に考えてきました。しかし、復刊ドットコムそのものが、われわれが制御し切れないほど大きくなってしまった今、その運営方針を転換せざるを得なくなった状況に立たされています。

過去、復刊ドットコムと類似のサービス★がいくつも立ち上がりました。しかし、多くのサービスが潰えてしまいました。

復刊という事業は、必ずしも大きな利潤を生むような収益構造ではなく、またほかの業界以上に敷居の高い出版業界で、恒常的なサービスとすることは、ビジネスとして大変難しいことです。

スタッフの情熱、しつこさに加え、親会社の支援もなければ、ここまで復刊ドットコムが拡大、持続できなかったと思います。

また、復刊投票は出版社が、各々の自社のサイトで自社の出版物に対して行えば簡単なような気もしますが、実際にはそんなことはないのです。なぜなら復刊は必ずしも、もともと刊行している一社で完結されるわけではなく、他社で埋もれた作品を、別の出版社の編集者が再び拾い上げたりするケースも多いからです。

もともとの出版社では経済的にせよ、諸般の事情にせよ、いったんは見放された刊行です。そこに再度注目して、引き起こすには、編集者の個人的興味や熱意

★類似のサービス
たとえば、現在も継続しているものでは、「**廃盤復刻計画**」というサイト(http://www.so-net.ne.jp/haiban/)があります。
復刊ドットコムとよく似ているサイトで、主催者であるSO-NETの楚良氏自身が「復刊ドットコムを参考にしています」とおっしゃっていたのを、新聞の記事か何かで読んだ記憶があります。
レコードの場合、すでに担当者がいなくなって交渉手がかりがレコード会社にもなかったり、レーベル色が強いため別系統のレーベルのレコード会社がためらったり、つくる際にメーカーサイドが返品を恐れたりなどなど。むしろ、われわれ以上に大変そうです。

がなければ、なかなか実現することはかないません。

品切れ、絶版という現状を逆転するためには、いろいろな新しい局面転回や、多くの関係者の意志を後押しすることが不可欠です。

共同復刊の試みへ

出版社との協力態勢ということでは、「共同復刊」という企画があります。**出版社からのリクエスト**を、読者に問うという新しい形の復刊運動です。**「ご注文が規定部数に達したら再版決定！」**というアイデアです。

出版社が復刊したい書籍の部数を決めて、その数だけ「仮予約」という形で読者の投票を募り、数を超えれば復刊します。

その第一弾が学研と復刊ドットコムの大型共同企画でした。学研の方針に、過去の優良コンテンツの見直しというものがあり、その点で復刊ドットコムに集う読者の皆さまのパワーがおおいに評価されたのです。

対象となった書籍は『**バラ図譜**★』です。

この新しい提携スキームは大成功。わずか二週間で240票の復刊希望を集めました。この試みの成功は、もちろんその内容が稀少ですばらしいものであり、そして編集と企画のすばらしさもさることながら、成功への地道な下地もありま

★バラ図譜Ⅰ・Ⅱ
ピエール・ジョゼフ・ルドゥーテ著。本体価格 各二万八千円。「バラの宮廷画家」として名高い著者による「Les Roses」を日本向けに完全再現。大英博物館所蔵の貴重な一冊を複写。解説に、東大・総合研究博物館教授の大場秀章氏、監修に故鈴木省三氏、後書きに、博物学者の荒俣宏氏と、現在考えても最高の方々。コストを考えると、ここまで贅沢な製本はおそらく二度とできません。印刷の再現性も抜群で、原画のコクも緻密さもあまさず再現しています。学研もキレイなサイトをつくって復刊を盛り上げました

した。

　復刊ドットコムが、かつて数種類の植物関連書籍で大きな復刊実績をあげていたこと、学研が園芸愛好団体への働きかけていたことなどが、その秘密です。

「たのみこむ」方式の、**新しい提案型復刊活動**が幕を開けたのでした。

V字回復の秘訣

　楽天の三木谷社長のモットーは、「スピード、スピード、スピード」です。ライブドアの堀江社長も、ビジネスに最も大切な要素はスピードであると説いています。

　もちろんブッキングも、数えきれない弾を撃ち、ずいぶん的を外してきました。しかし、**新規事業は三割バッター**ならよい方なのです。何か一つ当たれば上々の首尾です。それが私たちにとっては復刊ドットコムでした。

　新規事業を担った若手のエネルギー、親会社のトップの方々の理解と支援の継続、楽天というパートナーとの幸運な出会い。成功へのエレメントはいくつかありましたが、結局のところ、投票者の方々の大きな支持が、われわれを「社会的に生き残る価値あり」と証明し、その経済的苦境を救ってくれたのでした。

3 ニッチなサイトが成功したわけ

ブッキングも二〇〇五年三月で六回目の決算を迎えました。

第六期の決算では、四億円を超過する売上高をあげることができたのです。初年度は三〇〇万円にも満たない売上でしたから、なんと**一四〇倍にも達しました。**月商一六万円なんて、情けない時期もあったのが夢のようです。

一方で収益構造の方は、四回目の決算からようやく通年で黒字を出せるようになりました。設立当初は、「お前らはダボハゼみたいに何でもかんでも手を広げる」と言われたこともあるくらい、どの事業に見込みがあるのかわからず、とにかく何でも手を出してみるという感じでした。

しかし、今の私たちには二二万人の復刊会員の支持基盤があります。

仕事に一本の背骨ができました。その意味で、私たちは会社の存在意味において、社会的なアイデンティティーを獲得することができたのです。

手前味噌ではありますが、復刊ドットコムは不況といわれる出版業界のなかで、唯一成功したベンチャー企業といえるでしょう。

ここでは、その秘密を分析してみたいと思います。

双方向サイトが成功の秘訣

復刊ドットコムにはいくつかの隠し味があります。

まず第一に提携先であるＥａｓｙＳｅｅｋ（現「楽天フリマ」）とのアライアンスです。

「楽天フリマ」は、現在では二〇〇万人以上の会員（ＥａｓｙＳｅｅｋ時代の会員は七〇万人ほど）を抱える「探し物」インターネットサービスです。欲しい物を探している会員に対して、物を提供するショップが四千軒以上も参加しています。

「探し物」は不動産からＤＶＤまでさまざまですが、ＥａｓｙＳｅｅｋ時代、このサイトの中心は古書の取引でした。復刊ドットコムは、このＥａｓｙＳｅｅｋの抱える古書好き（＝本好き）のうちでもインターネットを利用できる人々をターゲットに投票会員を募ったのです。多くの会員を集めた成功要因の最大のポイントは、ＥａｓｙＳｅｅｋとの提携でした。

第二の工夫は**会員制度**です。復刊投票はまったくの無料なのですが、あえて会員制とした訳は投票者のメールアドレスを知っておくためなのです。メールアドレスを入手することによって、次の二つのことが可能になります。

一つは、二重投票の防止です。復刊を切望するあまり、同一書籍に何票でも投じたくなるのはファンの心理ですが、それを許せば投票のデータとしての信憑性は地に落ちてしまいます。

もう一つのメリットが、復刊書籍の交渉結果を投票者に伝達できることです。とくに復刊が成就した暁には、投票者にメールで購入を促進することができるのです。このような手法は一種のパーミッションマーケティングといえますが、購入成約率が通常の通販などと比較にならないほど高率であることはいうまでもありません。

そして第三の工夫は「**相互リンク**」です。これはウェブマスター二渡氏がコツコツと個人の趣味サイトに呼びかけ積み上げたもので、すでに約六三〇〇の諸サイトと復刊ドットコムを、「相互リンク」で結んでいます(54ページ参照)。

ファンサイトの方々は、復刊投票の呼びかけのために額に汗して、復刊実現の際にはプロパガンダの頼もしい旗手となってくれます。

双方向のサイト★をめざす

「掲示板」「コメント」「交渉情報」などのメニューで、双方向のサイトをめざしていますので、受け取ったメールにはすべて目を通し、掲示板の書き込みなどもよほどのことがない限り削除はしません。そこでは投票者の方からお叱りを頂戴す

★双方向サイト
それぞれの書籍ページにあるメニュー。ここから投票者はコメントを書き込むことができ、交渉情報を知ることができる。

相互リンクサイト

それぞれの書籍に「相互リンク」ページを設置し、復刊を応援してくれるファンサイトとリンクを結んでいます。

相互リンクサイト

「中庭同盟」の相互リンクサイト

この書籍の投票／販売を応援してくれている相互リンクサイトです。

->Q's WEB SITE 登録日 2000/07/21

小野不由美のところに中庭同盟の紹介があります。
他にもいろいろありますので、是非おたちよりください。

->Frontier 登録日 2000/08/22

小野不由美先生の『ゴーストハント』のファンサイトです。
パロディ小説やイラストが置いてありますので、
よろしければ足を運んでくださいな。
管理人、かなり『中庭同盟』が読みたいのでここに登録させていただきます。

->西安之小箱 登録日 2000/09/06

ミュージカルの感想とか書いてるサイトです。
管理人が小野不由美大好きで、
復刊めちゃめちゃ楽しみにしております。
本とはあまり関係のないサイトですが、登録させていただきます。

->わをん 登録日 2000/09/08

読書日記がメインのサイトです。
漫画やライトノベル、ＢＬ系が多いですが、
読んだ本の情報交換の場として、また皆さんの読書の指標として利用してもらえるサイトを目指しています。
小野先生のおすすめページもあります。

->昴屋 登録日 2000/09/08

十二国記、勾玉三部作、ハリーポッターのイラストサイトです。
かなり十二国記に偏り気味ですが。小説も少しはあります。
「楽俊ｖ陽子友の会」の本部であったりもします（＾＾；）
「中庭同盟」、超絶読みたいので登録させていただきました。

ることも多いです。

投票者の方には交渉現場の実態をできる限り伝えたいと思っていますが、それがかえって裏目に出てしまうこともあり、ときどきブルーな気持ちになってしまいます。

「**簡単に諦めてもらっては困る**」というご指摘については、それなりに「しつこい」と出版社や著者から言われるくらいの交渉をしているつもりなのですが……。

また、「商品知識が乏しい、こんなことも知らんのか」などのご意見もあります。これについては少し申し上げたいこともあります。それは復刊ドットコムがすべてのジャンルを対象とせざるを得ないことです。

書籍には、コミックのような読者層の広い本から、医学書のような限られた人々が必要とする書まであります。投票点数は二万点を超えています。これらの書籍すべてに、投票書籍を愛好する皆さま以上の商品知識を、われわれが持つことは不可能です。

出版社の編集担当者は、自らの担当する書物の扱う世界への知識と理解を時間をかけてゆっくりと深めてゆきます。しかし、われわれの仕事では、そのような関わり方は、やりたくても限界があります。その限界を埋めてゆくのが**投票者が伝えてくれる情報**です。

その意味で、復刊ドットコムの掲示板は、われわれにとってのナレッジデータバンクなのです。復刊会員の方々の知識と情報がわれわれの技能を育て、そのプロセスがいくつかの書籍の復刊への道を開くのです。ブッキングが初めて自社刊行で復刊させていただいた「ダルタニャン物語」は、まさにそういう好事例でした。

また、最近では、『**螢子〜昭和抒情歌50選**★』の復刊にあたり、復刊オーナーの邪子さんから、「もらい泣き」「ハナミズキ」などの大ヒット曲（大好き！）を持つ一青窈さんが本書をこよなく愛していらっしゃるのを教えていただき、すばらしい推薦文をいただくことができました。

本書のコメントでも、若い皆さんの多くが、一青窈さんをきっかけに本書を読みたがっていることがわかりました。

オンデマンド出版が成功しなかったのはなぜか？

私たちは投票があった書籍は**どんなものであれ**、復刊に向けて動きます。その点で、本来の出版社とは違うのかもしれません。

ちょっと話が飛躍しますが、日本のオンデマンド出版や電子書籍の新規事業がなかなかぱっとしない要因に、取り組む企業の「ええカッコしい」もあると思います。欧州の装幀を持ち込んだり、海外で俳句を出したりするのも文化振興として

★螢子〜昭和抒情歌50選
76年頃『週刊女性』で連載され、二〇年を経た96年に初単行本化。久世光彦の台本を上村一夫が劇画にまとめ、美しいコラボレートを展開させた屈指の名作。阿久悠と久世光彦が各々巻頭と巻末に文章を寄稿しており、その内容も興味深い。
以下は、一青窈さんの推薦文の抜粋です。
「あたしと螢子との出逢いは熊本の本屋だった。一目惚れとはこういうものだ、と感じた。あたしは螢子に惚れてしまった。まさか！女の人を好きになるのは彼女以外、後にも先にも生涯ないだろう。あの瞳が狂わせたのだ。」（一部抜粋）

はすばらしいかもしれませんが、読者が求めているのは、そんな高尚なものではないと思うのです。

　オンデマンド出版や電子書籍も器の一つにすぎず、そこを見誤ってはなりません。ビデオやインターネットの発達は、アダルト文化から普及しました。新しい技術は下半身から拡がるといっても過言ではありません。無理してアダルトコンテンツを扱う必要はないかもしれませんが、必要な場所にこそ需要が生まれます。消費という行動は生理的な運動だからです。

　オンデマンドや復刊は著者と読者のためにあって、編集者や学者のためのソリューションではないとの思いがあります。

日経インターネットアワードを受賞★

　二〇〇一年十月二日の朝、ビックリするような出来事が日経新聞各紙を飾りました。

　なんと、復刊ドットコムが日経インターネットアワードを受賞したのです。「日経インターネットアワード２００１」のビジネス部門において、「日本経済新聞社賞」に選定されました。

　この賞は、毎年、日経新聞が学者などを集めた審査委員会によって、インター

★日経インターネットアワード受賞
このときは、本当に多くの方の祝辞を頂戴しました。大変励みになりました。とてもうれしかったので、紹介させてください。
・いつも丁寧な対応が、賞につながったのだと思います。これからもがんばってください。
・ある絶版本がどうしても欲しくて

ネットの世界で活躍したり、将来有望な団体などを評価して、表彰する制度です。日経各紙に掲載されている選考理由を読むと、需要サイドから供給をコントロールする**参加型のデマンドチェーンのモデル**ということに加えて、オンデマンド出版による復刊書籍の発刊が評価されたようです。新しい二つのタイプが理想的にミックスされたという点が、審査にプラスになったのでしょう。

一緒に受賞したほかの受賞者はビジネス部門では松井証券、マツダなどの大企業で、「復刊ドットコムも松井証券と並んで表彰されるとは、たいしたものだね」と冷やかされてしまいました。

さて、勢いづいた復刊ドットコムは、二〇〇二年「WEB OF THE YEAR2002★」にもランクインされました。二〇〇二年の「ヤフーインターネットマガジン二月号」の結果発表では、復刊ドットコムがノミネートされたのは専門ショップ部門で、第14位の得票結果でした。ちなみに、この分野の第1位はアマゾン。そのほかの上位には、ユニクロやチケットぴあが入っていますので、「よくやった」と思います。また、この選考については、翌年も二年連続でノミネートされています。

大手の書店や出版社に問い合わせたりしてそれでも手に入らず悔しく悲しい経験をしたことがあります。そんな思いをしているたくさんの人たちのためにもこれからもどうぞがんばってくださいませ。

・今も、投票している本が一冊あり、しかも交渉に入ってくださっているようなので毎日ドキドキしているところです。はじめて復刊ドットコムの存在を知ったとき、「こんなことを考えて、カタチにして、そして実際に動いている人たちがいるんだ」ってことにとても感激しました。

・小さな声を拾い上げ、大きな喜びを送りつづける意義ある仕事が社会的に評価されたということですね。これからもがんばってください。

★WEB OF THE YEAR
この催事は、ヤフーが主催し、今年で八回目を迎える、優秀なインターネットサイトに与えられる賞。

ネット関連のビジネスモデル特許★はどうなる？

アマゾンのワンクリック特許をはじめ、ネット関連ではビジネスモデル特許が話題を集めています。

ブッキングでも、復刊ドットコムはじめ、いくつかの商売をビジネスモデル特許として申請してみました。

しかしそのなかのうち、二つの案件★に特許庁から「拒絶通知」が送付されてきました。見れば「書面にご不審の点や質問などがある場合は、面談や照会に応じます」とあり、拒絶通知に抗弁すべく、さっそく、霞が関にそびえ立つ天空の城のごとき特許庁に乗り込みました。

普通は弁理士さんと相談して、抗弁文書を提出するだけのようです。しかし、一度は直接に審査官と話してみたいというのも、また人情です。

結局、審査官には弁理士とともに**約一時間半も食い下がりました**が、半分は玉砕となりました。

しかし、審査官の発言は、私にはかなり意外な発言が多かったのです。彼によれば「日経新聞をはじめとするビジネスモデル特許の騒ぎは、実態とかけ離れたアジテーションに近く、われわれも困惑している。実際には特許は昔とまったく変わっておらず、通常特許とビジネスモデル特許などという区別はない。実際の

★ビジネスモデル特許
ビジネスのしくみ自体を内容とする特許のこと。
ネット関連のビジネスモデル特許では、Amazon.com社の「1-Click」特許、Priceline.com社の「逆オークション」特許などが有名。

★二つの案件
ひとつは、読者の投票をインターネットで集めて書籍を復刊する「復刊ドットコム」。
もうひとつは、ユーザーの生年月日と出身地を入力すると個別の結果が出てくる「占い本」。

審査は、ソフトは難しく、ハード寄りである。ソフトでも演算の処理速度を画期的に早めるアルゴリズムなどなら認められるが、ビジネス上のアイデアのほとんどは、特許はもちろん実用新案でも認可されない」とのこと。

「では、ビジネスモデル特許の典型として挙げられる結婚式場の引き出物でカタログから商品を選ぶ手法のどこに技術があるのですか？」と問いただすと「正直いって、あの認可は庁内でもかなりの論議がある。認めるべきでなかったという、内部でも強い批判がある。アマゾンのワンクリックも、今の日本では認可されない」。さらに指摘されたのは、「実際には特許認可にはテクニカルな側面が強い。とくにソフトの場合は、ハード構成、データのフロー、データベースとの連関などが詳細に明記されていないと無理」ということ。

つまり「君たちの申請文書は書き方がなってない」と丁寧に言われたわけです。特許のように膨大なテクニカルな資料を構成する知識を集積し、実践するには特許事務所任せではダメということです。会社として全社的に、組織的に申請をバックアップせねばならないということでした。

eコマース成功のコツ：日本で一番力のあるネット書店に

二〇〇一年春、われわれが思ってもみなかった現象が生まれました。
絶版本の復刊を交渉し、販売し、元の出版社がダメなら出版もしてしまおうという出版社を志向していたつもりだったのが、単品なら、いつの間にか**日本で最も力のあるネット書店**になっていたのです。

発端は、「**スヌーピーブックス**★」の販売でした。

角川書店がスヌーピー生誕五〇周年を記念して復刊したこの全集は、復刊ドットコムでも交渉はしていましたが、交渉に赴いた際はすでに角川書店自身が復刊を決めていたのでした。

このスヌーピーブックスは、全八六冊というボリュームたっぷりな全集で五万円もする全集です。復刊投票を集めていたこともあって、復刊ドットコムでも本書を販売することになりました。情報を流すタイミングがよかったこともありましたが、注文が来るわ、来るわで、初回予約で**三〇〇セット以上の注文**を集めることができました。

ところで、この本の復刊に際して一騒動がありました。

それは、この本にエディショナルナンバーが付く約束になっていたのですが、当初は千セット限定だったのが、途中で「限定販売」でなくなってしまい、エディショナルナンバーにだけは千番までの「限定」となってしまいました。ファンに

★スヌーピーブックス
正式には、「SNOOPY BOOKS 50周年記念復刻全八六巻」という商品。50年から連載が始まったシュルツさんによる「PEANUTS」を、谷川俊太郎さんが訳された愛らしいシリーズ。01年に50周年、05年には55周年ということで、やはり記念復刻版が発売されます。

とっては大問題です。

しかし結果は千セットに予約が達せずに、万事丸く収まりました。その時、あれっと思ったのです。何しろ復刊ドットコムで三〇〇以上集まったんだから、全体ではスゴイ数の受注が集まるのだろうと思ったからです。この本は買い切り扱いなので、角川書店では当初から、リアルな書店よりネット書店に期待していたそうなのです。それとなく、いろんなネット書店の方々に、どれくらい予約が集まったかを聞いてみましたが、どこも復刊ドットコムよりゼロが一つないし二つ少ない数字でした。

このときに、私は「あっ」と思いました。いつの間にか、復刊ドットコムは日本一のネット書店になっていたのです。考えてみれば、一書店で五万円の全集を三〇〇以上も売る書店が日本のどこにあるでしょうか。もちろんすべての扱い商品のグロスの商いでは、紀伊国屋書店や丸善にはかないません。

しかし単品販売では、これは間違いなく日本一です。

「スヌーピーブックス」に続いて「ダルタニャン物語」も、全巻で二万円ですが四五〇以上の方がネット予約されました。これは日本のネット書店では、絶対にありえない受注です。

全体の発行部数から考えて「もっと売らねば!」と焦っていましたが、考えてみればすごいことです。これも、復刊ドットコムのシステム担当である二渡氏たちが、平素よりいろんなファンクラブサイトと地道にリンクを張ってコミュニケーションを醸成してくれていたお陰です。

復刊ドットコムと、その本を愛する人々に**血の通う道**ができていたからなのです。これは、デスクプランでない、事実として目の前に出現した、新しい出版とインターネットコミュニケーションのモデルなのです。

ネット通販事業への挑戦

このような復刊ドットコムの販売力に目をつけた、当時の親会社からの提案は「新刊ドットコムやらない？」でした。つまり復刊ドットコムのコミュニティを使って、新刊の大型企画商品のネット通販事業への挑戦です。

復刊ドットコムは確かに復刊投票という事前の行為で、**購買意欲の集約と高揚**を行う優れたマーケティング手法ですが、果たして投票もなしに、新刊ドットコムが可能なのでしょうか？

そこで実験開始です。結果は大成功でした。

秋田書店の「鉄腕アトム全二三巻セット」は一票も投票がないのに(絶版じゃないので当たり前ですが)、受注開始からわずか一週間足らずで、九〇セットの受注を集めました。たまたま親会社の日販でたっぷりと仕入れたコミック全巻セットの予約受注を引き受けてみたのが偶然の成功のきっかけでした。これはほかのネット書店で試みた販売の二〜三倍を凌駕しています。

復刊ドットコムというサイトは、元来が本好きな方々が集まっています。中古書探しの方々が集まるサイトをバックボーンとしているからです。そこで行われる書籍のネット通販では、通常のインターネットサイトの単なる通過者と違って高いレスポンス率を示しています。

そして、そうこうするうちに、また一つの快挙が起こりました。

それは「掘り出し物、レア物コーナー」で扱っていた、集英社で発売予定であった「**水木しげる萬国百怪封印之匣**★」の復刊ドットコムでの予約数が、なんとブッキングの親会社である日販の取引する**全国一万軒の書店さんの注文数合計を上回った**のです！

復刊ドットコムで第○位！

書店員の方々が新刊の商品知識を得る最もスタンダードな方法として、取次の発行する情報誌があります。「日販速報」とか「トーハン週報」とかいう冊子です。毎週刊で発行されて、出版社各社が新刊の発売情報を書店さんに告知するための

★水木しげる萬国百怪封印之匣
正式には「水木しげる80歳記念 萬国百怪封印之匣」京極夏彦 with FISCOの装丁で集英社より完全受注生産で発売された。妖怪タロット・妖怪名画集などがセットになった妖怪芸術の集大成BOX。

最も有効かつ、一般的な方法です。

二〇〇二年の「日販速報」四月一日号を開いて、そのなかの出版社各社の広告ページを眺めていて、ゲッと驚きました。

私がたまたま開いたその広告のページには、復刊ドットコムでもすでに予約を開始したアスキーの「**ドラゴンランス**★」の一面広告だったのです。第一巻「廃都の黒竜」、第二巻「城砦の赤竜」が、全世界五〇〇万部とPRされている、その下の方に「復刊ドットコムで総合第9位」と謳われています。さらに書き込みには「海外文芸部門で第1位」と補足されています。最近はアマゾンでの「〇〇分野で第〇位」などのステータスが、書籍のアピールの材料に使われることも多いようですが、「そうか、復刊ドットコムもついにね」などと、ひとり悦に入ってしまいました。

★ドラゴンランス
ウィザードリィやウルティマの源流とも言えるテーブルトークRPG「Dungeons & Dragons(D&D)」の世界をベースにした、剣と魔法の世界を描いた大河ファンタジー(詳しくは2章114ページ参照)。

インターネット書店の集い

月一回、インターネット書店が集まる懇親会、通称「ネット連合」を開催していました。これまでアマゾン、BK1《ビーケーワン》、楽天ブックス、復刊ドットコムに、eショッピングブックス(現セブンアンドワイ)、ヤマトブックサービスを加えて情報交換の懇親会を続けました。

毎回この席には、出版社からのゲストもお呼びしました。ネット専業書店が何を考えているか、わかって欲しいからです。今の出版業界は、委託制度を前提として構築されています。委託制度には、いいところも、よくないところも多く含まれています。しかし、その実態は他産業から見れば、やはりクレイジーでしょう。40％を超える返品率なんて、どの業界にもありません。

また、「買い切る」というネット書店に対して「前年の実績がない」とか「返品しない保障はない」と、商品調達に応じない出版社に対して、他産業からの出身者の多いネット書店の方々は、やはり経済的コモンセンスという意味において、割り切れない思いを感じていました。

「どうすれば、ネット書店の集団がその地位を認めてもらえるのか？」。これはアマゾン創設者の西野氏が、よく漏らしていた嘆息です。

取次でいえば、愛知・岐阜を除く**中部日本地区の売り上げシェアは、たったの7〜8％程度**です。すでに単独の書籍タイトルでは、ネット書店がそのシェアを凌駕しているケースがあるはずです。これが書籍全ジャンルといえば、まだそこまでではないかもしれません。ある文芸出版社の見解では、**ネット書店のシェアは全体の2％くらい**ではないかとのことでした。

出版社は、自社の業績を分析する際に、取次別、地域別などの見方に加えて、ネット書店のシェアという観点も持つべき時代になっています。売り上げのみならず、返品を含めた損益管理という意味では、すでに想像以上のシェアをネット書店界は占有しているはずです。また、新潮社や角川書店のように、ネット書店ルートに対する組織的な窓口★をつくることも、ネット書店という新しいルートを育てることに、大きな意義があります。

ここ数年、事業規模が、どんどん減衰している出版業界ですが、そのなかでネット書店は、出版業界に残された一つの可能性であることは確かです。

★ネット書店に対する営業部署
各出版社によっていろいろな名前がある。また、部署ではなく、専任の担当者がいる会社もある。

特別なインターネット書店としてのプライド

書店と取次は、「ハリー・ポッター」などの大ヒットが出るたびに、その底上げ効果でホックホクの状態になります。業界売り上げは前年比を大きく上回り、アマゾンなどでは、大きな予約数を獲得し好景気に沸きかえります。

二〇〇四年の出版業界では『バカの壁』『世界の中心から愛をさけぶ』などが活況を呈していましたから、八年ぶりにマイナス成長を脱し、業界としてはじつに喜ばしい事態と受け止められました。

こういう活況を横目に見ながら「うーん、うちもハリー・ポッターを売れば、いっぱい注文を貰えたかな?」と、周囲のスタッフに「やった方がよかったかなぁ?」と尋ねてみると、全員異口同音に「やる必要はありません」とキッパリ。

「ハリー・ポッター」の販売は、業界みんながやるわけですから、復刊ドットコムは、復刊書籍と、復刊スタッフ一押しのユニークな本やレアアイテムをご案内する責務を果たそうというところでしょう。「ハリー・ポッター」を売らないことをモットーとするインターネット書店、ちょっと格好いいでしょう？（でも少しもったいなかったかなと思いつつ、やせ我慢……）

ネットの活気はコミュニケーションの深さ×会員数

ネット書店として復刊ドットコムを運営していくなかで、いろいろなテーマで悩んできました。

一つの悩みとして、**ネット通販は窓口を多く持つべきか**という悩みがあります。販売を伸ばすために、多くのネット書店やプロバイダーとの連携をしてきました。しかしながら何となくうまくいかないのです。もちろん、連携によって販売部数はいくつか実績を残しました。しかしその実績が今一歩なのです。

ネットの入り口は多ければ多いほどいいというのは本当でしょうか？

頭で考えればとてもいいことのような気がします。しかしもう一方の考え方として、窓口を増やしていくより、自分のところの中心になるサイトを深く耕していった方がいいという考え方もあります。私は後者の方が真理に近いのではないかという気がします。

なぜなら窓口を増やすことは、よほど彼らが意気に感じて熱心にやってくださればいいのですが、実際にはアフィリエイター(提携者)にとって**書籍販売は副業でしかない**し、連携するプロバイダーの会員の大半は単なる通行者でしかないケースが多いのです。

ネットの活気はコンテンツコミュニケーションの深さ×会員数です。自社のサイトコンテンツや販売アイテムを深く掘り下げていって、その方向性に共鳴する方をより多く獲得していくべきではないでしょうか。

復刊ドットコムはすでに六三〇〇に達するリンクを実現しています。

そのほとんどが個人サイトです。いずれも復刊ドットコムの趣旨に賛同くださっている方々です。そこには**無償であるがゆえの熱意**が集まります。のちほど詳しく述べますが、金銭で縛られたアフィリエイト★システムとは明らかに性格を異にします。

狭く深く、それがネット市場の選択すべき道筋ではないかということが、試行錯誤の果てにたどり着いた私の現時点の結論です。

★アフィリエイト
「提携する」という意味で、個人がもっているサイトで本を紹介してもらうことで、販売が成立すれば、紹介者に手数料が支払われるしくみ。

インターネットサイトのサイズについて

ここでいうサイズとは会員数★のことです。多くのインターネットサイトでは、会員数獲得やページビューの数量に血眼となっています。そこで集まった人数が、いかに多いかをお互いに競い合っています。

通行量の多い通りに出店すれば売上も高いでしょう。動員力のある広場やイベントには、多くの広告クライアントが寄ってくるでしょう。

しかし、先に述べてきたコンテンツコミュニケーションの深さは、基本的には会員数に反比例するのです。

「一〇〇万人を超すインターネットサイトはコミュニティを失う」

乱暴な言い方ですが、これが私の感じていることです。

会員数やページビューが増えると、インターネットは広告のビジネスモデルに走り勝ちです。とくに広告の一手段として、メール配信の広告が行われます。最初のうちはいい反応がありますが、頻度が増えるにしたがって、誰も読まなくなっていきます。企業である以上、広告売上予算があり、前年実績を凌駕するためには、頻度を高める必要があるのはわかります。

しかし、結果的に、まったく視聴者からソッポを向かれてしまっているのです。

復刊ドットコムも、会員総数が一万人強であった頃が、最も相互のレスポンスが

★会員数とコミュニティの理想

4章で詳しく述べますが、「はいせんす絵本」などの通販カタログを発行している**フェリシモ**は、洋服でも、書籍でも会員組織の中で、物づくりの固定費をまかなっていけるだけのパワーを発揮しています。

このような機能は、一種の生協組織に近い考え方があります。業界の方々からは「読者と一線を引くべき」「読者に媚びるな」などとアドバイスを受けることも多いです。でも、やれるところまで、その非常識をやってみたいと思います。このあたりの私の思いは一貫しています。

打てば響く時期であったと感じます。実際には、一〇万人くらいがコミュニティの熱気の密度が濃いのではないかと思います。したがって復刊ドットコムの会員が大きくなるにつれて、復刊書籍の決定を連絡しても、だんだんと会員からのレスポンスが鈍くなってきたような気がします。

書籍の復刊という目的に対して、自主的に参加した方々の集合体という共同体意識が拡散してきた結果でしょう。

復刊ドットコムでは、広告の出稿申し出に対してもお断りしています。あくまで復刊運動という社会的な意義が、サイトの高い意識を保証すると考えているからです。

もともとインターネットは、個人のホームページのような小さなメディアが出発点でした。それがヤフーのような検索エンジンの成功によって、次第に巨大化していきました。

地方の小さな集落と、大都市のコミュニティを比較してみてください。当然、その二つには、**意志や生活の共有**という点で大きな差があります。これはインターネットでも同様です。

足立区の西新井には、ほとんど毎日を過ごすお客さんの多い釣り堀があるそうですが、ここのお客さんたちはもうみんな顔なじみで、飲み仲間だそうです。都会でコミュニティを成立させようと思ったら、**明確な目的意識が必要**なのです。
だからプレゼント企画などで、どっと集まった会員のデータは**まったく力にならない**と聞きます。

会員獲得には、もっと地道な活動が根底に必要であるということです。

そして、肥大化したサイトには、国鉄やＮＴＴの民営分割ではありませんが、**サイトの有効的な分割**を提案します。

たとえば、新宿や池袋の無秩序な雑踏を、一括りにするのは難しいと思いますが、新宿でもゴールデン街なら、一つのコミュニティが存在します。

その意味で、楽天やニフティのような大きなサイトが、商品カテゴリーごとのサイト分割や自由化の動きにどんな未来像を描かれていらっしゃるのかが楽しみです。

永江氏の教え…eビジネスについて

事業開設当初のスタッフである洲巻君から推薦されて読んだ本に『Ｅコマースで勝者になる55の法則』がありました。著者である永江一石氏の講演にも出席しました。氏は、釣具のインターネット販売からスタートして、当時のｅコマースの世界では数少ない勝利を収めた方です。現在はホリエモン率いるライブドアグループに合流したと聞いています。

その講演は思った通り、すばらしいものでした。各界の著名人の講演内容などを、はるかに凌駕したものでした。

講演では、eビジネスについて、三つのポイントを語っていました。

第一は、過大なマスメディア広告を打つなという点。第二にサーバーなど過大な設備投資は足許を掬われるということ。最後にビジネスモデルを明確にし、安易な広告ビジネスに走るなという指摘でした。

いずれも大企業のマーケティング担当者が陥った罠であり、犯しやすい過ちです。

講演終了後、平素から疑問に思ったことも質問しました。「復刊を仕事としているブッキングですが、つくる部数が少なくて一冊の本の定価が高くなってしまうことをどう思われますか?」

永江氏は、僕の目をまっすぐに見つめておっしゃりました。「高い価格でも買ってくださるお客さんを探すべき」と。

インターネット通販は、マスプロ・マスセールスではなく、需要から導かれた商品づくりが必要であることを永江氏は教えてくれました。

ネットのコミュニケーションツールとは？

インターネット通販で販売告知する最も代表的な方法は、もちろん、そのホームページで商品の発売を告知することです。しかし、これは顧客の来訪があって、初めて意思伝達が可能な受け身のコミュニケーションです。

対して、メールマガジン（略してメルマガ）は、こちらから「打って出る」、より攻撃的な手法です。メールで復刊ドットコムに関するニュースをお届けする週刊の「**復刊インフォ**★」も、もうずいぶん長きに渡って発行を重ねています。

「復刊インフォ」の発行に当たって、スタッフメンバーは、どうすれば会員の皆さんに読んでいただけるか、あまり特定の週に復刊決定情報が集中すると注目度が分散してしまうかなど、さまざまな要素を考慮して編集★内容を決定しています。

このメルマガが流れた翌日は、一挙に受注量が平常の数倍になります。

復刊決定情報は、まずは投票者の方にメールでご報告し、次にこの「復刊インフォ」で、さらに、兄貴分のサイトの楽天フリマの会員に届く「楽天メディアニュース」でも情報を流しています。

投票者に敬意を表するとともに、限定商品が売切れてしまわないうちに、投票者に優先的に発売を案内します。そういう配慮を行いつつ、三段階発信で需要の裾野を広げてゆきます。

★復刊インフォ
内容は、巻頭に私の執筆する「メッセージ」、これはサイトに掲載している復刊裏話的コラムのなかから、イベントの案内や、大きな復刊をとくにアピールしたい場合などの情報をピックアップして掲載しています。そのほかには、復刊銘柄の発売情報や、新しい会員サービスの開始、既刊書のレコメンドなどをご案内しています。

★メルマガ編集のポイント
なんといってもタイトルのつけ方。いかに読者の目を惹きつける魅力的な案内ができるかの一発勝負！

復刊ドットコム成功の要因は、投票者以外にも会員のなかに需要が存在することを発見したことです。経験では、投票者の二・二倍が購入実績です。この実績を導くのが、会員へのメルマガなのです。

アフィリエイトは浮き草のようなもの

アフィリエイトシステムという言葉が、インターネット書店を席捲したことがありました。

口コミという原始的な手法を、販売システムに置き換えた仕組みといえます。しかしながら、この方式は、日本でもアメリカと同じくらい成功するというわけにはいきませんでした。メインストリームにはなれなかったなぁという感じです。

われわれもいろいろ試してみました。しかし、アフィリエイトと名前は粋でも、結局は本職の片手間の域を出なかったのかなという印象です。この方式は販売だけではなく、会員獲得などにも取り組み事例があります。

繰り返しますが、アフェリエイトや懸賞サイトなどでお金をかけて集めた会員は、浮き草のようなものだと思います。景品に誘われて一時的にはそのサイトに来場するものの、目的を達してしまえば、元来がそのサイトに興味があったわけではなく、また離れていってしまいます。サイト運営者と、来場者の間にラポール★がかかっていないのです。

ブログ

そこで今、むしろ力を発揮しはじめたのは、BLOG＝ブログです。ウェブログの略称であり、アメリカ西海岸で有効な選挙PRとして脚光を浴びたこの手法は、今や表舞台の主役に躍り出ようとしつつあります。日記の執筆を主な機能として、閲覧者たちがその日記に対して意見を書き込める形式です。

この手法をさらにブラッシュアップしたミクシー、グリー、エコーなどのソーシャルネットワーキングサービス(SNS)は、急速に会員を増やしつつあります。また会員一人あたりの訪問頻度も多く、やりはじめた人が「はまる」傾向にもあります。

機能としては、ブログ＋掲示板＋メール＋レコメンド機能が合体していると思ってください。2ちゃんねるのような掲示板と違って入場許可制なので、いわゆる「荒らし」の心配がありません(閲覧者を「友人のみ」といったように制限できます)。レコメンドと呼ばれる書評機能において、画期的な力を見せる可能性があると思います。これからのネット上のコミュニケーションツールとして、おお

★ラポール
円滑にコミュニケーションができる土台となる人間関係のこと。

いに注目される媒体です。

また、最近、ライブドアのホリエモンで話題になったのが「社長日記」と呼ばれるブログの使い方です。企業の長が公にメッセージを発することのビジネスメリットがあるようです。

今考えると「ブッキング日記」として、ブッキングの公式ＨＰで執筆していたコラムは企業ブログとして機能していたのではないかと思います。そのなかで復刊ドットコムネタに関するものは、復刊ドットコムのサイトに設置してもらった「メッセージ」コーナーに転載しました。

このメッセージに毎回、会員の読者から賛否両論が寄せられます。これも執筆する側の私からすれば楽しみの一つです。


ともあれ、復刊ドットコムで読者の皆さんから期待されていることは、やはり一点でも多くの復刊実績を積み重ねること、それが最大の顧客サービスであるということです。本章を締めくくる言葉として、復刊ドットコムの活動に対して、マンガ家さんたちの活動団体である「マンガジャパン」の里中満智子事務局長から寄せていただいたメッセージを紹介させてください。

「そこに書かれた物語や考え方への共感、疑問、感動。「本」は、人の心の成長を支えてくれる。思い出の中の感動に、もう一度めぐりあいたい、思春期の感情移入を、もう一度整理して受けとめてみたい。そう思っても二度とめぐりあえない本がある。本は本という形につくられただけでは読む人の手元にとどかない。流通にのって販売されて、はじめて手にとることができる。売れゆきが芳しくなかったり、今後の利益が見込まれなくなると、すぐに流通の輪からはじきとばされてしまう。「本」というものは人類全体の精神の財産なのに、今や「生鮮食品」と同じような取り扱いになっている。書店の棚スペースにかぎりがある以上、これは仕方のない運命だろう。「もう一度読みたい本」「読みたかったけど手に入らなく読んでいない本」そういう本たちとめぐりあわせてくれる「復刊ドットコム」の考え方はすばらしい。すべての本の創り手たちと読み手たちにとって新しい世界がひらけた。本の心が流通の枷から解き放たれたのだ。里中満智子」

2

熱い復刊リクエストから見えてくる人気本の秘密

1 人気の本とは？

復刊ドットコムで人気を集める本、そして「スヌーピーブックス」のような、復刊ドットコムで全国の書店よりも売り上げてしまうような本。

それらに顕著な特徴はあるのか？

ここでは、日々、読者やファン、マニアの方からのリクエストやメッセージをいただきながら、復刊というニッチな最前線での悪戦苦闘している私なりの分析をしてみたいと思います。

共通するレア感

復刊ドットコムはそもそも古書を求めるサイト会員との連携から構築されたサービスです。

古書の世界と復刊事業は関係あるのか？　といわれれば当然あります。

古書売買の世界で「ダルタニャン物語」が「ダル物」と呼ばれて珍重されていたように伝説になっていた本もいくつかあります。

その後も、復刊交渉や準備の必要上、古書売買やオークションの世界をよく覗

★手塚治虫美女画集
ウランちゃん、リボンの騎士な

きますが、定価とは大きくかけ離れた高額で取引されている実態をよく見ます。著者の方もこのような状況を憂えて、復刊成就に漕ぎ着けたケースもあります。

「そそられる」書籍とは？

編集部を立ち上げる際、どういう出版社をめざすかという話を社内で討議したことがありました。

そのときに挙がった会社が、当時のパイオニアＬＤＣ（現ジェネオン・エンターテイメント）でした。マニア心をくすぐる**限定モノの企画**で、これぞ文字通り「そそられる」書籍というのでしょう。「手塚治虫美女画集★」や「石ノ森章太郎美女画集★」など、ヒロインたちの美しさにスポットを当てた作品集は、企画コンセプトの見事さに、うっとりしてしまいます。

聞くところによると、パイオニアＬＤＣでは、このジャンルを本当に愛する編集者が、お一人でこつこつとこの系統のジャンルの書籍をつくり続けているそうです。マーケティングとか市場とか、そういう理屈を越えた世界がそこにはあります。

編集者が本当に好きなものを、楽しみながら追求していく姿こそ、出版の原点ではないかと思います。

ど、手塚ヒロインたちを集大成したファン待望の企画。布クロス張り・化粧箱入りの愛蔵版豪華本として、五千部限定で発売。

★石ノ森章太郎美女画集
巨匠・石ノ森章太郎の描いた美女たちを集大成した、画期的な一冊。『石ノ森章太郎美女画集 GIRLS 1961-97』（02年限定発売され、その後、第二弾も刊行された）。

じつは女性会員が中心だった

一般的に書籍の購入やネットショッピングの世界では、男性優位★であるといわれます。ところが復刊ドットコムでは、女性会員のシェアが高いのです。

復刊第一号が白泉社の三原順作品だったことが、その流れをつくったのではないかと思います。復刊ドットコム開設時点の会員の属性を分析した際は、男性が55、女性が45の比率でした。

しかし後述する解析機能を使って、全投票を解析してみると、ある時点で男女比が逆転していました。開設二年後には、男性49対女性51の比率となっていたのです。男性優位のインターネットの世界で、女性比率が50％以上のサイトというのは、女性中心といっても間違いではないと思います。

復刊ドットコムでの通販を主とする、われわれの復刊活動において、この逆転現象はマーチャンダイジングに大きな影響をおよぼすことになります。

復刊ドットコムをはじめとするインターネットショッピングに多い来訪者は、20〜30代の男性中心であるという認識には、若干の軌道修正が必要な気がします。

復刊ドットコムを分析する

復刊ドットコムのスタッフには、強力な武器が与えられています。

★男性優位
ネット通販の七割前後が男性シェアといっても過言ではないようです。

それは「**解析ページ**」と「**アンケート**」です。このページは、もちろんスタッフしか見ることができませんが、あまりにすごいので、その一端をご紹介しましょう。

「未来少年コナン」の原作であり、岩崎書店から復刊された『**残された人びと**★』を例に挙げてみます。

この本のリクエスト投票数は１６２票でした。このうち投票時に購入の意思を表明された方は１５７人で、97％を占めます。逆に購入しないという方も一名いらっしゃいました。おそらく、この方は本書をお持ちなのでしょう。「わからない」と迷っている方も四名いらっしゃいました。

そして投票の経過を見ると、二〇〇〇年八月二五日に第一票が投じられてから、交渉基準の１００票に達したのには意外と遅く、三四九日と約一年を要しています。その年の十月くらいから、なぜか得票がぐっと伸びています。そこから予約開始までは速いスピードで、七一日と二カ月くらいで確定に至りました。投票者の内訳は男性が66％、女性方が34％と、やや男性優位です。年齢層としては30代が56％とトップで、続いて20代の38％と続きます。それ以外の年齢層の方は、ほとんどいらっしゃらない状況でした。

では、ここからが肝心です。投票者のうち、実際に購入された方の割合は、ど

★残された人びと

「宮崎駿の原点ともいえるアニメ作品『未来少年コナン』の原作本が絶版になっていると知りショックだった。私は、角川文庫版のものを持っている（ＮＨＫで放映されていたときに早速購入した）が、また新たな気持ちで読みたいし、若い世代の人達にも読んでもらいたいと思っている（2001.09.02　グリンデル）」

のくらいだと思いますか？

じつは52％と思ったほど高率ではありません。本書はすでに約一二〇〇人もの方にお買い上げいただいていますが、なんと実際の投票者はそのうち一割もいなかったのです。

購入者は男性が72％、女性の方が27％です。投票以上に男性比率が高いことがわかります。年齢層は30代が64％、40代が19％と続き、20代が15％と投票には表われなかった数字が台頭しています。

また、購入者は復刊会員が90％、ＥａｓｙＳｅｅｋの会員が10％の構成比になっています。

この機能は、元はといえば**投票数と販売数の相関性**を探るために、システム担当の二渡氏にお願いしたリサーチ機能です。別に購入意志を表明したのに買わなかった投票者を責めるためにつくったのではありません。

投票数のわりに販売が伸びずに困ってしまった本もあれば、逆にこちらの予想をいい意味で裏切って部数が足りなくなってしまったこともあります。このような方向感覚をつかむ指針となるものです（必ず投票数の五倍売れるとか、判で押したようにわかっていれば苦労もないのですが……）。

もう一つは、男女比や年齢比を知って、「ダルタニャン物語」のような書店でも広く販売する際に、どこに広告を打てばいいかを考えるためでもあります。

数字は必ず何かを物語っています。理由のない数字はありません。復刊ドットコムを発展、継続させていくためにも、この武器をフルに活用していきたいと思います。

復刊ドットコムで売れる商品とは？

復刊ドットコムを運営していて不思議なことがあります。

それは書籍によって、非常に売れ行きに差が出ることです。象徴的なセット販売の例を挙げてみましょう。

まずは、よく売れた代表「スヌーピーブックス」全八六巻です。五万円以上の高額にもかかわらず、通算して六〇〇セットほどを販売しています。それに対して、あまり反響を呼ばなかったのが「ディズニー一〇〇周年記念コレクションボックス」。こちらは二万円のセットでしたが、わずか二セットの販売実績でした。

この差は、いったい何なのでしょうか？

考えてみると、このケースでは投票によるコミュニティの存在、復刊交渉によって出版社の復刊情報をほかより早くキャッチできたこと、それによりドンピシャのタイミングで読者へ告知できたことが販売実績の差を生みました。

しかしながらすべてが説明しきれるかというと、正直いって、われわれも復刊ドットコムで何が好まれるのか、よくつかみかねる部分があります。われわれの用意する書籍の数量と読者が求める数量に、しばしば乖離が生じるからです。経験上よくよく考えれば、コミュニティのサイズと、**販売ルート上のレア感**なのかなとも思います。

たとえば、どちらも書店で購入できる文庫なのですが、『家なき娘』(岩波文庫)と『華胥の幽夢』(講談社文庫)では、前者はあまり書店店頭で見ない商品であるのに、後者は新刊なのでどこの書店にも平積みしているので容易に見つけられます。このことが、前者の販売の方が圧倒的により好調であったことの原因であると考えられます。

そう考えると、いかに希少感のある書籍を、復刊にせよ新刊にせよ、提供できるかが課題であると結論づけられます。せっかくインターネットからわざわざ運賃を払って購入するわけですから、どこの店でも買える書籍を提供してもしかたがないということでしょう。

なぜインターネットで買う必要があるのか? それは**希少性**、**特典**、**利便性**などさまざまな要因があるのです。

それらを、毎日の日常的な動きのなかで解明していくことは、返品や委託制度のなかで制度疲労を起しつつある出版業界に、新しい道を指し示すことができるのではないかと思います。

おもしろ投票ジャンル

復刊リクエストの際に、投票者は投票書籍のジャンル★を選択します。

日本文芸、海外文芸、文学・詩歌、趣味・スポーツ、旅行・ガイド、健康・医学、音楽・楽譜、ゲーム、芸能、エンターテイメント、学習、児童、コミック、歴史・地理、科学・技術、社会、法律・経済、ビジネス、コンピュータ、メディア、宗教・哲学の全二一分野です。

文芸書や児童書といったジャンルにおいても、後述のようにテレビアニメ化の影響などが色濃く見られる投票が多いことも、いかにも復刊ドットコムらしい傾向を示しています（89ページ参照）。

★投票ジャンル ジャンル分けが難しい本もあり、厳密というわけではありませんが、目安にはなります。

復刊特集

復刊ドットコムでは、右記に挙げた一般的なジャンル分けのほかに、「**著者**」「**趣**

人気のある特集は？

▶投票数ランキング

	著者	投票数	趣向	投票数	出版社	投票数
1	藤子不二雄	11408	絵本	20114	講談社	38998
2	小野不由美	4998	写真 写真集	16563	小学館	28773
3	手塚治虫	4566	ロボット	14990	集英社	28196
4	石ノ森章太郎	3390	画集・イラスト集	14685	角川書店	20712
5	岡田あーみん	3156	SF小説(海外)	11153	白泉社	18771
6	佐々木丸美	2699	エッセイ	10349	ブッキング	14664
7	三原順	2167	プレイステーション	10200	早川書房	12612
8	若桜木虔	2132	推理(ミステリ)	9381	岩波書店	10436
9	宮崎駿	2090	スーパーファミコン	8674	徳間書店	9896
10	富野由悠季	2022	花とゆめ	8366	中央公論新社	9772
11	天沢退二郎	1974	サンライズ	7715	秋田書店	9479
12	池田理代子	1970	TRPG関連	6842	スクウェア・エニックス	8601
13	谷山浩子	1939	りぼん	6550	新潮社	7834
14	内田善美	1860	ファンタジーコミックス	6392	学習研究社(学研)	7367
15	グループSNE	1764	ファンタジー小説(海外)	6273	朝日ソノラマ	7046

▶登録点数ランキング

	著者	登録点数	趣向	登録点数	出版社	登録点数
1	石ノ森章太郎	202	絵本	997	講談社	1884
2	藤子不二雄	159	推理(ミステリ)	694	集英社	1120
3	手塚治虫	118	ＳＦ小説(海外)	590	小学館	1094
4	永井豪	115	写真・写真集	577	角川書店	902
5	若桜木虔	103	画集・イラスト集	549	岩波書店	808
6	松本零士	84	ロボット	510	新潮社	732
7	梶原一騎	74	エッセイ	427	早川書房	704
8	横山光輝	62	フランス	391	徳間書店	507
9	遠藤周作	54	日本史	376	秋田書店	389
10	赤塚不二夫	52	中国	305	朝日ソノラマ	381
11	楳図かずお	50	数学	303	白泉社	364
12	桑田次郎	48	ＳＦ小説(日本)	291	中央公論新社	340
13	グループSNE	48	第二次世界大戦	270	学習研究社(学研)	296
14	池田大作	47	サンライズ	259	筑摩書房	295
15	アイザック・アシモフ	46	テレビドラマ(日本)	259	双葉社	293

復刊ドットコム 人気のジャンルは？

▶ジャンル別投票数　2005年3月現在

ジャンル	投票された書籍の数	投票数	1タイトルあたりの平均投票数
日本文芸	3,545	52,974	14.9
海外文芸	2,401	38,049	15.8
文学・詩歌	461	5,762	12.5
趣味・スポーツ	1,520	30,285	19.9
旅行・ガイド	100	993	9.9
健康・医学	219	3,160	14.4
音楽・楽譜	827	24,343	29.4
ゲーム	744	30,725	41.3
芸能	325	9,402	28.9
エンターテイメント	799	19,231	24.1
学習	276	3,805	13.8
児童	2,189	41,949	19.2
コミック	5,644	160,429	28.4
歴史・地理	1,116	12,069	10.8
科学・技術	906	9,915	10.9
社会	815	11,165	13.7
法律・経済	513	3,564	6.9
ビジネス	187	2,155	11.5
コンピュータ	269	4,879	18.1
メディア	114	2,141	18.8
宗教・哲学	764	6,198	8.1
合計	23,734	473,193	100.00%

現在50万票にも達しようとしている、膨大なリクエストの人気ジャンルは、
なんといっても「**コミック**」がダントツ1位です。
じつに34%もの圧倒的なシェアを占有しています。
そして、第2位は「**日本文芸**」です。第3位は「**児童書**」。
以下、「**海外文芸**」「**ゲーム**」などと続きます。
1タイトル当たりの得票数でみると、「**ゲーム**」が突出しています。

向」「**出版社**」の三種類で、復刊本をカテゴリーしています。

現在、「著者」では一三四七名、「趣向」では四六四件、「出版社」では六五八社の特集ページがあります。「著者」、「趣向」では、熱心なファンの方による、凝りに凝ったバナーが毎日のように作成されています(92ページ参照)。

このバナーがネット上に散らばるそれぞれ応援サイトに貼られていくわけです。

「著者」では、それぞれの著者ごとに特集ページが開設され、たとえば、「佐々木倫子」復刊特集ページ(91ページ参照)には、ファンによって書かれたプロフィールがあり、五件の投票中の書籍があります。

「復刊特集」で面白いのは、なんといっても「趣向」でしょう。

「仮面ライダー」や「少年マガジン」といったジャンルがあるのは当然として、「テレビマガジン」★や「チベット」なんてのもあります。

とくに前者は、現在20〜30代の男性に圧倒的人気があり、一九七一年に講談社より創刊された幼年向けテレビヒーロー雑誌の草分けです。同誌にて連載された作品には、懐かしさともう一度読んでみたいという読者のリクエストが寄せられています。

★テレビマガジン
人気のテレビヒーローキャラクターを中心に構成された子ども向け月刊誌。玩具やイベントなどを含め、魅力のキャラクター情報を満載。

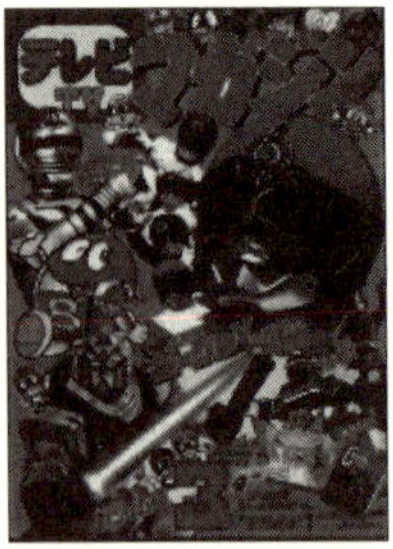

「佐々木倫子」復刊特集

復刊特集 TOP

特集No.2097

佐々木倫子 復刊特集

- 特集トップページ
- 特集ニュース
- 特集掲示板
- 相互リンクサイト
- ショッピング

特集への追加／削除

既存のリクエストで特集追加したいものをお知らせください。

新規復刊リクエスト

この特集に関連するリクエストを新規にリクエストします。

新刊本チェック

著者

佐々木倫子

新刊を検索

復刊特集

『佐々木倫子』 復刊特集ページ

著者「佐々木倫子」に関する復刊特集ページです。

『佐々木倫子』プロフィール

佐々木倫子（ささき・のりこ）。漫画家。10月7日生まれ。 北海道出身。1980年「エプロン・コンプレックス」（「花とゆめ」 夏の増刊号）でデビュー。1988年「動物のお医者さん」の 連載開始。初の長期連載となった同作品は、男女を問わず 多くのファンを獲得し、大人気を博した。以降「おたんこナース」 「Heaven?」など、人気作品を次々と執筆。独特のタッチで、 とぼけた味わいの漂うコメディを描き続けてファンを魅了している。 現在は「週刊ビッグコミックスピリッツ」（小学館）で「Heaven?」を 連載中。

コミックスに「食卓の魔術師」「家族の肖像」「代名詞の迷宮」 「ペパミント・スパイ」（1～2巻）「林檎でダイエット」 「動物のお医者さん」（全12巻）「おたんこナース」（全6巻） 「Heaven?」（1～5巻）、共著に「幽霊コミックアンソロジー 眠れぬ夜に」 がある。（※コミックスは文庫版・新装版を除く。）

番号	書名	投票数	状態
6822	ペパミントスパイ、忘却シリーズ未収録作品	508/100	交渉中
25873	動物のお医者さん　ハムテル開業編	333/100	連絡済
15254	社交ダンスマンガ（未単行本化）	224/100	連絡済
16445	画集 動物のお医者さん Noriko Sasaki's illustration gallery パート２（1991-1993）	93/100	
23520	林檎でダイエット boople	1/100	入手可

書籍名	著者名	発行日	税込価格
…エット	佐々木倫子	1988/05	410

…イトルをクリックすると「ブープル」サイトにジャンプし…ブープルとは？）

左のメニューには、ページの更新情報、投票経過がアップされる「特集ニュース」、ファンの情報交換の場でもあり、復刊交渉の際にも参考にさせていただいている「特集掲示板」、そして「相互リンクサイト」、現在手に入る書籍を紹介する「ショッピング」といったメニューを設置した。

著者ごとに、特集ページが開設され、ファンからの情報が「掲示板」に寄せられます。

それぞれの愛好家たちが苦労してつくった

色とりどりのバナーが並ぶ様は圧巻！

これら分類別の人気本を、何をもってして「人気」というか、単純にランキングすることはできないのですが、「復刊リクエスト」のページには、二つのランキングがあります。

「投票ランキング」と「リンクランキング」です(下図)。後者は応援してくれている相互リンクサイトの数です。

なんと、1位の「マザー百科」には四四ものサイトがリンクを貼ってくれています。

復刊リクエストデータ

投票ランキング more

1	Love song	98票
2	ドリーナバレエシリーズ（全１０巻）	96票
2	木苺通信	96票
2	ドラゴンボールTVスペシャルand劇場版…	96票
5	スター・ウォーズ「帝国の復活」	95票

「投票ランキング」は、
まだ交渉を開始していない
100票未満のランキングです。

リンクランキング more

1	マザー百科	44
2	藤子不二雄ランド（第一期全301巻）	35
3	ドラゴンボールＧＴパーフェクトファイル	27
4	宮崎駿イメージボード集	26
5	闇の詩人	23
6	ポポロクロイス物語　アートブック	22
7	風のクロノア４コママンガ劇場	20
8	NiGHTS～翼がなくても空は飛べる～	18
8	侯景の乱始末記−南朝貴族制社会の命運−　…	18
8	代書屋佐永	18
11	サイボーグ００９　超銀河伝説	17
11	ファイアーエムブレム～聖戦の系譜～ドラマ…	17

2 復刊ブックガイド

出版界も忘れた「知られざる名著」が集まる復刊ドットコム。
ここでは、そんな人気本の秘密を探るとともに、ブックガイドとしても利用できるよう、ジャンルごとの人気タイトルをピックアップしてみました。

懐かしのコミック・アニメ…子どもの頃に買えなかった本

復刊ドットコムの投票のなかで最大の投票ジャンルはなんといっても、ダントツでコミックです。

50万票にも達しようという膨大なリクエストのなかでも、半数34%を占有しています。

ここでは私が独断と偏見で分類した、復刊コミックの世界を紹介しましょう。

得票三傑

投票上位ランキングをご覧になったマスコミの方々は、**奇声を発して**感心します。

その上位三傑とは、**岡田あーみん**★、**手塚治虫**、**藤子不二雄**です。

このうち「りぼん」出身の岡田あーみん先生のギャグコミック作品は、先生が現在は執筆活動をなさっていないので、いまだ先生との連絡について出版社と協議中です。集英社の数名の編集者のみが連絡がつくという状況です。

また、手塚治虫先生の「**ブラックジャック単行本未収録作品**」は、表現上の問題などから手塚先生ご自身が封印されたと噂される★作品群です。その一部は、従来から「ブラックジャック」を刊行している秋田書店が、ボックス商品や雑誌の一部で掲載する工夫をなさっています。このような手法については読者からは賛否両論ありますが、私は、読める機会がないよりはあった方がよいのではないかと思います。

そして第3位の大物投票は、「**藤子不二雄ランド**」です。第1章で詳しく書きましたが、藤子不二雄Ⓐ先生の作品に限って復刊を発進させたため、残りの藤子・F・不二雄先生の作品復刊を強く望む声があり、その一部作品のためにさらに再投票を生むという活動にまで広がり、限りなく投票を伸ばし続けています。

★岡田あーみん
沖縄県生まれ。83年に「お父さんは心配症」(「りぼん」5月号掲載)でデビュー。ブラックかつナンセンスなギャグにより、今なお熱烈なファンが多いマンガ家。そのほかの代表作に『こいつら100%伝説』『ルナティック雑技団』など。

★封印されたと噂される
この辺の事情については、安藤健二『封印作品の謎』に詳しい。

★今市子
富山県生まれ。森川久美をはじめとした一〇人以上のマンガ家のアシスタントを経験。93年「マイ ビューティフル グリーンパレス」(白夜書房「コミックイマージュ」vol.6掲載)

紀伊国屋書店の店頭やアマゾンの**売れ行きベストとはまったく違った**感覚の、嗜好の世界がここには存在しています。

人気の高いマンガ家たち

三傑のほかにも、とくに人気の高いマンガ家が数人いらっしゃいます。いわゆる街のベストセラーを生むマンガ家たちのリストとは一風変わっています。

まずは知る人ぞ知る今市子《いまいちこ》★先生。そして、内田《うちだ》善美《よしみ》★先生、星野《ほしの》架名《かな》★先生、竹本《たけもと》泉《いずみ》★先生、みなもと太郎★先生などが名前を連ねて、数多くの復刊投票点数を数えます。いずれも出版社の方々が「なるほどねー」と、にやっと笑うラインナップです。

このなかでもとくに内田善美先生は、投票トップの岡田あーみん先生と並んで、いまは作家活動を休止している**幻の人気マンガ家**です。

でデビュー。妖魔を引き寄せてしまう体質の主人公とその家族たちを描いたホラー「百鬼夜行抄」(「ネムキ」連載中)が人気に。そのほかにエッセイマンガ『文鳥様と私』など。

★内田善美
山梨県生まれ。美術大学在学中の74年に「なみの障害物レース」(「りぼん」7月号掲載)でデビュー。「りぼん」「リリカ」「ぶ〜け」などで活躍。細密で美麗な画面と、豊富な知識をベースとした詩的なストーリーは圧巻。主な作品は『空の色ににている』『草迷宮・草空間』『星の時計のLiddell』(すべて集英社)など。現在は断筆中。

★星野架名
兵庫県生まれ。82年「地下鉄のユユ」(「花とゆめ」九月増刊号掲載)でデビュー。主な作品は、不思議なことが次々と起こる緑野原学園を舞台に、主人公たちの思春期を描いた「緑野原学園」シリーズ(主に「花とゆめ」に掲載)が人気。

★竹本泉
59年東京都生まれ。81年「夢見る7月猫」(「なかよし」8月号掲載)が第二一回なかよし・少女フレンド新人漫画賞佳作となってデビュー。主な作品に『あおいちゃんパニック!』「あんみつ姫」シリーズなど。魔法と科学が融合された不思議な世界をほのぼのと描く独特な作風が人気。

★みなもと太郎
47年京都府生まれ。67年に「兄貴かんぱい」(「別冊りぼん」夏の号)でデビュー。70年「週刊少年マガジン」に『ホモホモ7』連載。78年に「コミックトム」で連載が始まった『風雲児たち』(現在は「コミック乱」連載)は、掲載誌を移しつつも現在まで続いている大長編。ほかにも『ハムレット』『レ・ミゼラブル』など世界の名作をパロディしたものや、マンガに関する傑作エッセイ『お楽しみはこれもなのじゃ マンガの名セリフ』など、作品多数。また多くのマンガ家を輩出したマンガサークル「作画グループ」のメンバーでもある。

どこの出版社も「**この方の本が出せれば**」と思っている「**出せば絶対に売れる**」方です。

竹本泉先生も、復刊ドットコムでは特異な人気のあるマンガ家です。元祖「萌え系」?なのでしょうか。作品を読み進めるうちに、ほわーんとしたキャラクターのヒロインたちが、だんだんと可愛らしくなってくる不思議な引力を持っています。

みなもと太郎先生は、二〇〇四年には手塚治虫文化賞「特別賞」を「歴史マンガの新境地開拓とマンガ文化への貢献に対して」という功績で受賞されました。ブッキングからも『**ホモホモ7**★』『**レ・ミゼラブル**★』を復刊させていただきました。とくに『ホモホモ7』は、ほかのコミックのキャラクターが次々に登場する、パロディの設定が、新鮮な衝撃を多くの読者に与え続けています。

そして、みなもと太郎先生が特徴的なのは、これほどのステータスでありながら、**コミケに根を下している**ことです。今でもコンスタントに同人誌ブースに出展されて、先生ご本人が販売なさっています。復刊ドットコムでも、先生の同人誌を扱わせていただきましたら、本当に飛ぶように売れました。

単行本未収録作品への熱き投票

★ホモホモ7
70〜71年に「週刊少年マガジン」連載されたハードボイルド・ギャグマンガ。ギャグタッチのキャラクターがいきなり劇画タッチで描かれるなど、その斬新な作風はのちのマンガ家にも大きな影響を与えた。熱烈なファンの要望に応えて、新装版として復刊された。

★レ・ミゼラブル
文豪ビクトル・ユーゴーの世界的名作をパロディ化した作品。73年に「希望の友」で掲載され、翌年、潮出版より単行本化。

一時期、復刊ドットコムでよく議論になったことの一つが「どこまでを復刊と呼ぶか」でした。

復刊投票は、そもそも絶版となった書籍を対象として行われたサービスです。しかし、「**単行本未収録作品**」への投票★が非常に目立つのです（100ページ参照）。これらは交渉相手となる出版社から「これは復刊ではありません」と言われてしまうことが多々あります。

コミックのなかには、雑誌掲載作品が単行本に収録されなかったものが数多くあります。多くは採算上から見送られたケースですが、なかには単行本にするにはページ数が満たないため、後続の単行本企画とのカップリングを待っているうちに、店ざらしとなってしまった作品もあります。いずれにしても、書籍化されることがないわけで、一度は手に取ってみたいという読者の欲求も激しいのです。

そして、出版社サイドにとっても、新たなコンテンツ開発源といえる有望な市場でもあります。

投票ダントツ1位の岡田あーみん票が未収録作品であることは、前述の通りです。

ブッキングでも復刊させていただいた、小山田いく★先生の『**アニマルDr・由乃**★』は、未収録作品リクエストの実現として大好評で迎えられました。

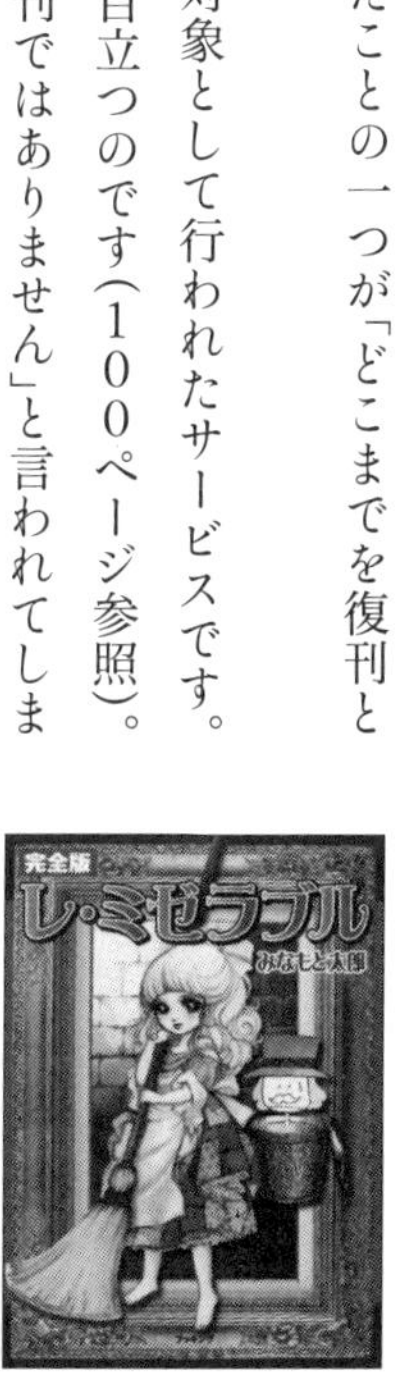

★「単行本未収録作品」への投票
現在一五〇件ものタイトルに投票があります。

★小山田いく
79年、「別冊ビッグコミック」に『五百羅漢』が掲載される。翌年、少年チャンピオンの『12月の唯』でデビュー。その後も主に秋田書店のコミック誌を中心に連載を続け、『すくらっぷブック』、『星のローカス』など、学園モノの作品を描き続ける。その温かみの溢れる作風で、マニアに人気を博す。主な作品は、『すくらっぷブック』、『ぶるうピーター』、『ウッドノート』、『生命のダイアリー』など。

「単行本未収録作品」ランキング

本来、「絶版」「品切」になった本を復刊する投票サイトだったのですが、単行本にいまだ収録されていない作品にまで、投票が集まりました。絶版本と比べ、当時の掲載誌を入手するのはさらに困難なようで、「単行本未収録作品」には、日々、熱き投票が寄せられています。

順位	書名	著者名	票数
1	『ささやかな俺の愛』『花のいたづら』 『ルナティック番外編～届け愛のエアメール』 『ルナティック番外編～お嬢様のパーティー教室』	岡田あーみん	3150票
2	ドラえもん単行本未収録作品集 （てんとう虫コミックス全45巻＋カラー作品集1～4巻に未収録のエピソードを収録する新たな単行本）	藤子・F・不二雄	578票
3	ペパミントスパイ、忘却シリーズ未収録作品	佐々木倫子	508票
4	「緑野原学園シリーズ」「妙子シリーズ」 「赤い角の童留シリーズ」「ビリーシリーズ」 「1月の輪舞」「Kの告白」「フィーメラシリーズ」 「銀河系のハロー」「夏来る幽霊」「秘密遊戯」 「留樹と夕子」「銀曜日が来る」「歌う獣」「街の見る夢」	星野架名	422票
5	星野架名未収録作品集	星野架名	370票
6	志村貴子単行本未収録作品集	志村貴子	364票
7	今市子単行本未収録作品集	今市子	314票
8	学園宝島	海野つなみ	311票
9	「火の鳥」単行本未収録話	手塚治虫	311票
10	いなだ詩穂単行本未収録作品	いなだ詩穂	302票
11	るろうに剣心番外編　「弥彦の逆刃刀」	和月伸宏	282票
12	てんとう虫コミックスの藤子不二雄の全作品	藤子・F・不二雄＆ 藤子不二雄Ⓐ	261票
13	安永航一郎「単行本未収録作品集（仮）」	安永航一郎	248票
14	山下友美コミック未収録作品集	山下友美	244票
15	岡崎京子・単行本未収録作品集	岡崎京子	236票
16	海の大陸NOA　未収録作品	じゅきあきら	234票
17	大島弓子選集未収録作品	大島弓子	224票
18	小山田いくコミックス未収録作品集	小山田いく	213票
19	南第一学園・他（単行本未収録作品）	紫部さかな	207票
20	ディスカバー　方舟の獣たち	山下友美	201票
21	井上雄彦の未収録作品集	井上雄彦	196票
22	柳原望　コミックス未収録作品	柳原望	181票
23	ロックマン・メガミックス　全6巻	有賀ヒトシ	180票
24	諏訪緑先生の単行本未収録作品	諏訪緑	178票
25	夢路行単行本未収録作品集	夢路行	155票

このほか、「**続編を書いてくれ**」という投票もよくありますが、さすがにこれは「復刊にあらず」ということで、復刊交渉対象外とさせてもらいます。

「プチフラワー★」「ぴょんぴょん★」を愛する乙女たち

マンガ界を見渡して、意外に思うのは、この市場が「男性優位」であることです。

　男性コミックについては、大手五社以外にマンガ出版に参入している出版社は数多く存在します。しかし女性コミックといえば、大手五社（講談社、小学館、集英社、秋田書店、白泉社）を除けばほとんどなく、その男女格差は天地の開きがあります。そして、当然のことながら、女性コミックという、あまり供給のないこのジャンルは復刊されることがまれなため、復刊への要望は行き場を失って、復刊ドットコムに寄せられるのです。

　ことに「プチフラワー」「ぴょんぴょん」のような休

★アニマルDr・由乃
「サスペリア」（秋田書店）99年4月号から00年7月号に掲載された単行本未収録作品。

★ぴょんぴょん
88〜92年に小学館から刊行された小学生向けの少女マンガ誌。

★プチフラワー
小学館発行。いわゆる「24年組」と呼ばれるマンガ家の作品を中心に、コアな少女マンガファンをひきつけた雑誌。萩尾望都、坂田靖子、竹宮恵子、木原敏江、佐藤史生、森脇真末味、吉田秋生の連載に、倉多江美、内田美奈子、高野文子の作品も載っていた。その後、「flowers」に引き継がれる。

刊となってしまった雑誌については、編集部が解散してしまって単行本重版の受け皿がないのか、復刊コミックに特徴的かつ代表的である特異な人気ジャンルとなっています。

　このようなジャンルの復刊は、マニアックすぎて、復刊してもそのコミュニティ規模があまり大きくなくて、売りづらい傾向があります。復刊の実現性には経済的なハードルが立ちはだかっているのです。

　このようななかで、われわれは投票数が200、300を超えるリクエストに経済性をみいだして、復刊を進めています。そして、それ以下の場合には、『光のパンジー』『キノコキノコ』のように、オンデマンド出版対応という形で、皆さまのリクエストに応える工夫をします。

懐かしい「ボンコロ」コミックたち

　さきほどの「プチフラワー」と「ぴょんぴょん」に似た例として、業界では「ボンコロ」と呼ばれている雑誌発のコミックも、復刊ドットコムの代表旗手です。「ボンコロ」とは、小学館「**コロコロコミック**★」と、講談社「**コミックボンボン**★」という歴史ある厚〜いマンガ雑誌を指します。

　幼稚園児から小学校中学年くらいまでが読者対象のこのライバル二誌は、ポケ

★コロコロコミック　小学館。ボンボンと比較されるマンガ雑誌。「ドラえもん」が読める。チョロQやミニ四駆ブームを仕掛けた。略して「コロコロ」。

★コミックボンボン　講談社。小学生向けマンガ雑誌。ガンダムなどのネタが多かった。『プラモ狂四郎』が有名。略して「ボンボン」。

モン、ミニ四駆、そして永遠のキャラクター「ドラえもん」などのヒット玩具や人気アニメ番組を世の中に送り出して、子供たちを熱狂させてきました。

たしかに、このくらいの年頃の子どもたちのおこづかいでは、コミック単行本を全巻揃えることは、難しかったのでしょう。親の承諾なしには、ありえない買い物です。だから、大人になって自由に使えるお金を手にした今、彼らは、**子ども時代に買えなかった**「ボンコロ」コミックに飛びつくのです。

復刊ドットコムでも大ブレイクした『**あまいぞ！男吾**★』をはじめとして、『**とどろけ！一番**★』『**ゲームセンターあらし**★』などの復刊は、この両誌から生まれてきた優れたエンターテイメントであるマンガたちです。少年たちの見果てぬ夢が、ボンコロコミック復刊投票への熱き支持基盤であります。

★あまいぞ！男吾
Ｍｏｏ・念平作。「コロコロ」連載。復刊決定まではいくつもの壁がありましたが、「もう一度多くの人に読んでもらいたい」という作者の熱い思いと、ファンサイト・**巴道場**の道場生をはじめ、読者の応援により、晴れて英知出版より復刊された。

★とどろけ！一番
のむらしんぼ作の受験マンガ。英知出版の「トラウマ・マンガ・ブックス」シリーズとして復刊。

★ゲームセンターあらし
すがやみつる 作。「コロコロ」を代表する名作。

月刊誌系の非メジャー（失礼！）作品の楽しさ

掲載誌という切り口で復刊コミックをみれば、「月刊少年マガジン」や「月刊少年ジャンプ」のような、週刊誌に比べれば、ややマイナーな印象のある雑誌に掲載されていたマンガも、絶版となっているケースが多いです。そしてまた、メジャーな週刊誌では読めないような内容の濃いものが多いのも特徴です。

このあたりに着目したのが、英知出版や太田出版です。『**ハート♡キャッチいずみちゃん**★』などの、たっぷりとした厚み（業界では「ツカ《束》」と呼びます）のある書籍を刊行していきました。これらは、「ボンコロ」などとも違って、まだ「ヤングジャンプ」などの青年コミック誌が生まれる前に、より高い年齢層のマンガ読者たちを吸引してきた作品群です。

巨大なる全集たち

「藤子不二雄ランド」全三〇一巻に代表される超多巻物の全集は、体力のある大手出版社でも、なかなか簡単には復刊というわけにはいきません。全集は出した以上、特定の巻を切らせてしまうと、全巻注文ができなくなってしまうので、出版社は全巻の在庫を維持しなければならないため負担が大きいのです。

「藤子不二雄ランド」誕生は、当時三〇〇巻まで刊行が終わった「手塚治虫全集」

★ハート♡キャッチいずみちゃん　遠山光作。80年代に月刊少年マガジンに連載されていたちょっとエッチなコメディマンガ。このマンガはヒロインの裸も登場したり、入浴を男の子たちが覗いたりと、そんなけしからん!?場面のやたらに多い作品なのですが、なぜか好感が持てるのです。それもこれも主人公のいずみちゃんの底抜けの明るさ、前向きな健気さ、そういうポジティブなキャラクターが、エッチ満載のこの作品をイタリアの古典「デカメロン」のような生の礼賛に高めているような気がしてなりません。

の向こうを張ったといわれています。しかしこうした全巻ものの刊行を取次現場から見ていた私たちからすれば、長期にわたる編集、販売の努力は、出版社にとってやり甲斐はありますが、長く、苦しい道のりであったろうことが実感できました。

「藤子不二雄ランド」以外にも、山岸凉子先生や、竹宮惠子先生の数十巻にわたる全集がリクエストの上位にリストアップされていますが、この偉大な事業に取り組む日はいつのことになりましょうか。

★藤子不二雄ランド全三〇一巻
詳しくは37ページ参照。

ギャグマンガと4コママンガ

このジャンルで強く復刊が望まれるという現象は、復刊ドットコム以外では考えにくいです。

いつの時代もコミックは「笑い」がその中心テーマ。しかし、そのなかでもギャグに徹した作品は、世相を反映したネタが多く、素材の同時代性という点からも、年月が過ぎ行くことに耐えられない面があります。時事ネタのオンパレードですから、今、われわれが見ても、何が可笑しいポイントだったか、よくわからないシーンもあります。

当時を知り、同じ時代を生きた読者にだけわかる共通言語は、著者と読者の心通う**同窓会のようなモノ**なのかもしれません。

そんななかで田丸浩史『**スペースアルプス伝説**★』や**ながいけん**★作品は、強烈なキャラクターを擁して、復刊などとはいえないほどの大きな歓呼の声で迎えられたのでした。

キャラクターモノ

ゲームや玩具、お菓子などの流行りすたりの激しい商品のなかで、そのキャラクターがいまでも愛し続けられている作品は、コミックに限らず数多くあります。

二〇〇四年末から復刊を連続リリースさせていただいた『**バーコード・ファイター**★』はエポック社の人気ゲームだった「バーコードバトラー」から、『**ロックマンX**★』はカプコンの人気ゲームである「ロックマン」シリーズのマンガ化です。また、『**ビックリマン愛の戦士ヘッドロココ**★』は、ロッテのお菓子であ

★スペースアルプス伝説
「少年キャプテン」に連載されていた『アルプス伝説』の完結版。とにかく笑える学園モノ。それでいてなかなか胸キュンなラブコメでもある。徳間書店から待望の復刊。表紙は寺田克也。もはやお宝本。

★ながいけん
ファンからは「ながい閣下」と呼ばれる。「月刊ファンロード」に連載された『チャッピーとゆかいな下僕ども』、「週刊少年サンデー」連載の『神聖モテモテ王国』（コミックス未収録作品にも381票が集まった）が人気。

★バーコード・ファイター
小野敏洋作。

コロコロコミック」で連載。単行本は五巻まで刊行。ホビー物とはいえ、ドキドキのストーリー展開と衝撃の内容で、多くの少年たちのトラウマになった。

主人公のキャラクターやかっこいいメカも人気を集めた。

過去、これほどショックだったマンガはなかったとのコメント多数。

★ロックマンX
岩本佳浩作。

「ゲームのコミカライズの最高峰に位置する作品だと思います、絶対に復刊してください。(2004.09.14 大絶牙)」

る「ビックリマンチョコ」のコミック化作品の一つです。

「バーコードバトラー」はすでに一大ブームは過ぎ去り、「ロックマン」や「ビックリマン」はキャラクターそのものが世代交代してしまっているバージョンなので、絶版になっているのです。

子ども時代に慣れ親しんだキャラクターに、再び原画展などで出会えた懐かしさに読者の方が破顔一笑されていることは、われわれも復刊冥利につきるというものです。

アニメの潜在力

アニメ人気の爆発的な潜在力を実感した本があります。『METHODS〜押井守「パトレイバー2」演出ノート★』です。

復刊ドットコムでの押井守監督人気は、かなり広範なものがあり、ほかにも「天使のたまご★」など、難

★ビックリマン　愛の戦士ヘッドロココ
藤井みどり作。
ビックリマンシールの世界を元にしたラブストーリーで。なんと少女マンガ誌（「ぴょんぴょん」）に連載されていた。天使と悪魔の奇麗なコスチュームにも人気が集まった。

★METHODS〜押井守『パトレイバー2』演出ノート
「この本に関しては、「まだ発売してるからいいや」などと思っていたのが運のつきで、非常に後悔した覚えがあります。「レイアウト」というアニメでは地味なるも最重要な部分を徹底的に掘り下げた希有な書として、復刊する意義があると思います。（2000.09.01　センパイ）」

★天使のたまご
ハードSFなOVAとして発表された。卵を抱いた「方舟の少女」と、鳥を探す少年の物語。

解なれど、美しい映像世界に魅せられた方々のコメントを読むと、思わずその世界に波長が共鳴してしまいます。このほかにも、富野由悠紀氏の「ガイア・ギア★」など、今や日本の代表的文化となったアニメの世界は深く、尖鋭的な需要を感じる世界なのです。

デカメロン的楽園

多感な中高生時代、男子最大の関心事は、やはり女の子たちのことです。

『ハート♡キャッチいずみちゃん』や『**まいっちんぐマチコ先生★**』『**いけないルナ先生★**』など、この手のマンガにドキドキしていた頃が、今思えば男性諸氏は「俺もウブだったなぁ」というところでしょうか。

そして「ハート♡キャッチいずみちゃん」などとは比較にならないほど強烈なコミックが、復刊ドットコムから発売されたことがあります。それは、『**ウホッ!!いい男たち〜ヤマジュン・パーフェクト★**』です。

この作品は、一時期「2ちゃんねる」でも大いに話題となった幻のマンガ家、山川純一氏のコミックとして集大成されました。この作品は、男性が男性を身も心も愛する内容のコミックです。しかしながら、作品全体に流れる、そこはかとないユーモア、あっけらかんとした性への歓びといった、作者が人間に対して持つ、

★ガイア・ギア
富野由悠季作。「月刊ニュータイプ」に連載。機動戦士ガンダムシリーズのサイドストーリー。シャアの血を引く青年が主人公。角川スニーカー文庫から全五巻が刊行された。

★まいっちんぐマチコ先生
えびはら武司作。アニメや実写映画にもなった。

★いけないルナ先生
上村純子作。「月刊少年マガジン」に連載された。

★ウホッ!!いい男たち
ネットで流行語となるほどの人気作。「君にニャンニャン」「兄貴にド・キ・ド・キ」「ワクワクBOY」の単

読者カード

ご愛読ありがとうございます。本カードを小社の企画の参考にさせていただきたく存じます。ご感想は、匿名にて公表させていただく場合がございます。また、小社より新刊案内などを送らせていただくことがあります。個人情報につきましては、適切に管理し第三者への提供はいたしません。ご協力ありがとうございました。

ご購入書籍名

本書を何でお知りになりましたか？（複数回答可）

□書店　□新聞・雑誌（　　　　　　　　　）　□人に勧められて

□テレビ・ラジオ（　　　　　　）　□インターネット（　　　　　　）

□（　　　　　　）の書評を読んで　□その他（　　　　　　　　　）

ご購入の動機（複数回答可）

□テーマに関心があった　□内容、構成が良さそうだった

□著者　□表紙が気に入った　□その他（　　　　　　　　　　）

本書に対するご評価をお願いします（よろしければ理由も）。

内容	満足・不満（　　　　　　　　　　）
価格	安い・妥当・高い
表紙のデザイン	好き・嫌い（　　　　　　　　　　）
本文のレイアウト	見やすい・見にくい（　　　　　　　　）

今、いちばん関心のあることを教えてください。

最近、購入された書籍を教えてください。

本書のご感想、読みたいテーマ、今後の出版物へのご希望など

□総合図書目録（無料）の送付を希望する方はチェックして下さい。

＊新刊情報などが届くメールマガジンの申し込みは小社ホームページ（http://www.tsukiji-shokan.co.jp）にて

郵 便 は が き

料金受取人払

京橋局承認

3194

差出有効期間
平成18年８月
31日まで

１０４-８７９０

７０５

東京都中央区築地7-4-4-201

築地書館 読書カード係 行

お名前	年齢	性別 男・女
ご住所 〒 tel e-mail		
ご職業（お勤め先）		

購入申込書

このはがきは、当社書籍の注文書としてもお使いいただけます。

ご注文される書名	冊数

ご指定書店名　ご自宅への直送（発送料210円）をご希望の方は記入しないでください。

tel

優しいまなざしが感じられます。この本の購入者のうちで、女性が40・2%を占めていた意外さも、そんな一味の違いが、この作品に普遍的な力量を与えたからなのでしょう。

BL(ボーイズ・ラブ)系★

BL、いわゆるボーイズラブと呼ばれるジャンルがあります。

こちらは女の子たちの、性への憧れや衝動の裏返しの表現といえるものだと思います。美しい青少年が愛し合うコミックは、生活感を消した少女たちが安全に大人の世界に踏み込める、助走期間なのでしょう。

ブッキング編集部からの初の復刊は『語シスコ「ゴリ×三」初期作品集★』で、内容はまさにBLです。

どんなものでも欲しいファン心理

その作家の描いた物なら何でも欲しいというのが、ファン心理です。

藤子不二雄Ⓐ先生のサイン会の終了後、**ちょっとしたプレート**などをファンの方々が欲しがるため、藤子スタジオの方々も「どうして、こういう物を欲しがるのですかねー」と不思議がっています。しかし、先生に関するものなら何でも欲

行本三冊に、「くそみそテクニック」をはじめとする、収録の要望が強かった、単行本未収録作品一一編をカバー。現存する山川純一の作品集としては、文字通り、完全版といってよいでしょう。

★ボーイズラブ系
主に少年～青年同士の恋愛をメインにしたマンガや小説などのジャンルの一つ。

★語シスコ「ゴリ×三」初期作品集
45ページ参照。

しいというのがファンなのです。

これによく似た現象で、いかにも復刊ドットコムらしい現象を二つ紹介しましょう。

まず、その代表格なのが、復刊第一号の三原順『かくれちゃったのだぁれだ』でしょう。そもそもが『はみだしっ子』などのマンガ家として知られる三原順先生が描かれた絵本というユニークな位置づけの書籍です。確かに児童書としての絵本とは違った素敵さが、この本にはあります。

そして、『**マンガでわかるソフト開発入門**★』は、一九九二年に書かれたコンピュータ技術者のための解説本です。

日進月歩のコンピュータの世界のはずなのに「なぜ今頃このような本に復刊投票者がいるのでしょう?」と発売元である日経新聞社も疑問を持っていました。この本は、マンガでわかりやすく解説されたソフト開発のノウハウ本なのですが、なんと**イラストが小山田いく先生**によるものだったのです。

復刊ドットコム会員は、こういう本を見逃しません。小山田フリークにとっては、見逃せないレアな一品だったわけです。

★マンガでわかるソフト開発入門
「小山田いくファンの間で、幻の本として多くの人が手に取りたがっている。コミックではないので古本屋にも流通しづらく、復刊以外に手に入れる方法がないため(2000.06.24 匿名)。」

ゲーム系：TRPGからマザーまで

ひとことにゲーム本といっても、復刊ドットコムの場合は、プレイステーションのようなコンピュータゲームの攻略本やゲームのノベライズ本などと、TRPG★（テーブルトークRPG）のようなコンピュータゲーム以前に流行したロールプレイングゲーム系とに分かれています。

ここでは、それぞれの代表的な投票書籍についてふれてみましょう。

★TRPG　テーブルトーク・ロール・プレイング・ゲームの略語。ゲームのルールブックを片手に、ゲームマスターの主導の下、参加者が自由な発想で、延々と（長ければ一週間も）物語を語り継ぐ、想像力を要求されるゲーム。

ゲーム市場のニッチなニーズ

コンピュータゲームは大きな消費市場を抱えていますが、そのブームがいったん去ってしまえば、世の中は新しいソフトを追いかけて去っていってしまいます。そんな流れに棹して、**過去のゲームに執着を示す**方々は、ゲーム市場全体からすれば大きくはないのですが、そもそもが巨大な市場ですから、絶対数としては少なくありません。

メジャー市場から取り残されたファンの方々が、復刊ドットコムを根城として活動されています。

MSXMAGAZINE永久保存版

アスキーさんから復刊される本書の告知を見て「懐かしい」と思ったのは、私だけではないでしょう。

ご存知ない方のために説明しますと、今から約二〇年前、家庭用のパソコンソフトが初めて市場に登場いたしました。

それまでのコンピュータゲームは、インベーダーゲームに代表されるように、喫茶店やゲームセンターで遊ぶものでした。そこにさっそうと登場したのが、**日本初の家庭用コンピュータ統一規格**である「MSX」を擁したアスキーだったのです。

当時、私も、この新しいメディアの登場が、なにか書店店頭で商売になるかならないかと、社内のプロジェクトチームに参加して、頭をひねったものでした。

眩しかったMSXは、やがて任天堂のファミコンなどに押し流されてしまいましたが、ソフトウェアから市場を席捲しようという思想は、当時としては大変画期的だったと思います。

MOTHER関連書籍＋音楽CDまで

ご存知、糸井重里氏が監修した任天堂のゲームソフト「MOTHER★」は、ゲー

★MSXMAGAZINE永久保存版
日本初の家庭用コンピュータ統一規格である『MSX』が、長い時を経て現代に復活する!! MSXファンならずとも、パソコンファンなら目頭が熱くなるような企画満載。

★MOTHER
任天堂ファミリーコンピュータ用のソフトとして、89年に任天堂から発売された。糸井重里氏がプロデュースし、音楽はムーンライダースの鈴木慶一氏が担当。アメリカ西海岸風な町を舞台にしたRPGで、設定などが斬新だった。

ムを愛するファンの力が結集されて、二〇〇三年にゲームボーイソフトとして復活しました。

　復刊ドットコムのなかでも超人気で、ゲーム復活を契機に、続々と復刻企画が連発されました。攻略本からマンガまで**二五点もの「MOTHER」関連書**★がリクエストされています。

ナンバー1の受注数を誇る本とは？

　正直いって、その雑誌を見た時、復刊は難しいなぁと思いました。

　復刊投票350票近くを集めたコンピュータゲーム情報誌である「Beep★(ビープ)」です。

　雑誌は書籍と違って、多くの執筆者がいたり、広告が入ったりしています。出版の許諾はもちろん、肖像権のクリアなど、復刊へのハードルは、比較にならないほど高い。しかし、ソフトバンクパブリッシングさんがやってくれました。過去の人気コー

★「MOTHER」関連書
そのなかでも977票の大量得票を集めたのは、『**MOTHER百科**』。これは、糸井重里氏の監修のもとに小学館より発売。任天堂は、以前からゲームボーイアドバンス版での「MOTHER」再リリースを考えていたようで、なかなか復刊に向けた刊行の許諾にはガードが固かったようです。

その内容は攻略方法にとどまらず、泉麻人、高橋源一郎、鈴木慶一などの豪華執筆陣が並び、さらには吉田戦車の四コママンガも掲載される豪華さ。復刊にあたり、糸井重里の書下ろしが四ページも加わりました。

また、音楽が重要な要素でもあった「MOTHER」のサントラ（**MOTHER1＋2オリジナルサウンドトラック**）も人気でした。ムーンライダーズの鈴木慶一による全曲英国録音のすばらしい作品です。

★Beep
日本ソフトバンク社が85年に創刊した「総合ゲーム雑誌」。セガ、ナムコなどのゲーム会社訪問や、開発者インタビューは当時では本当に珍しく資料的価値も十分(写真は復刻版)。

ナーを抜粋した編集スタイルは、「**あぁ、これならできるな**」と、スタッフの方々の智恵に感心した次第です。

そしてなんと**予約者は三千人を越え、**復刊ドットコム始まって以来の記録的爆発でした。

内容はといえば、往年の表紙や特集企画に加えて、スタッフが語るエピソード、当時のゲーム専門誌や時代背景の考察がなされています。別冊付録でうれしい「Beep」のまるごと一号の再現企画と、本当に徹底しています。

TRPGの最後の砦

復刊ドットコムでは、TRPGの得票が非常に多いです。TRPGは東京大学が日本のブームの発祥といわれています。しかし、そんなTRPGも、コンピューターゲームの発達に押され、次第に少数派となってしまいました。

その上、出版不況のおり、ゲームブックの宝庫、社会思想社の倒産など、ゲーム好きにとって、必ずしも世の中はよい方向には動いておりませんでした。

「ドラゴンランス」シリーズ★

★「ドラゴンランス」シリーズ
かつて日本では富士見書房から『ドラゴンランス戦記』として発売され、日本でも累計で一千万部のベストセラーとなったが、米国版元の買収劇などの理由で、長らく絶版状態。「戦記」全六巻、「伝説」全六巻、「英海外での最大のＴＲＰＧ版権である「Ｄ＆Ｄ」こと「ダンジョン＆ドラゴン」シリーズのノベライズ小説、投票数にして、全体で第32位、海外文学で第1位の「ドラゴンランス」シリーズです。

この復刊によって多くのファンが、主人公であるゴールドムーンやタニスと再会できたのです。

この復刊は、もともとの富士見書房からではなく、アスキーから行われました。現在の版元である米ウィザーズ・オブ・ザ・コースト社からＤ＆Ｄを題材とした全シリーズの版権を得て、刊行の運びとなったのです。編集担当である工藤氏の積年の執念の賜物が「ハリー・ポッター」「指輪物語」で沸き返る二〇〇二年に結実しました。

創土社の挑戦

ＴＲＰＧ関連本の復刊に先鞭をつけたのは創土社です。

ベニー松山『**風よ。龍に届いているか**★』をはじめとして、次々と企画を連発していきます。あまり大きな規模の出版社ではありませんが、このジャンルにターゲットを絞って刊行計画がなされたのでしょう。そして、国際通信社、扶桑社などが続きました。

雄伝」全六巻、「序曲」一～五巻からなる、傑作ファンタジー。「伝説」以降はとくに入手が困難で、オークションでも高値で取引されていた。

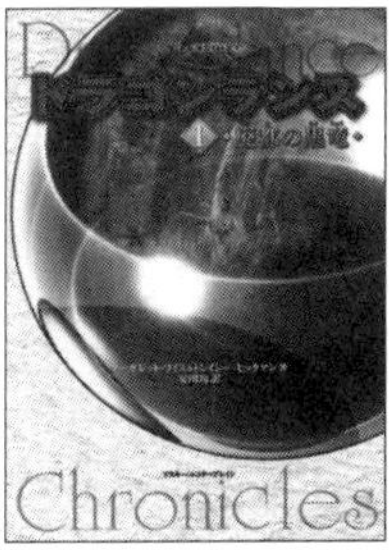

★風よ。龍に届いているか
「名作です！　ウィザードリィファンならば一読すべきでしょう！　でも手に入らないのでは話にならないですから…ぜひ復刊を！
(2000.06.29 mikabosi)」

富士見書房など老舗出版社と、これらの新興勢力の力でゲームブックの隆盛が、かつてほどではないにしろ、再びその存在感を見せています。

TRPG専門翻訳集団SNE

TRPG関連のなかでもグループSNEが翻訳を手がけている作品は数多くラインナップされています。

安田先生の率いるグループSNEは、新神戸駅のそばにオフィスを構えていらっしゃいます。通された社長室では、安田先生と、やはり翻訳活動で大活躍なさっている江川昇先生のお二人と話すことができました。

社長室の本棚には、カードゲームの箱が満載されています。今となっては、もはや入手できないお宝ゲームの数々は、ファンから見れば垂涎の宝物殿でしょう。

私はファンタジー好きですが、TRPG自体には知識が乏しかったので、国内外販権の事情や、作品群の傾向、国内の同行の志の集いなどについて、安田氏からさまざまな手ほどきを受けながら、いろいろと相談に乗っていただきました。

復刊ドットコムでも、投票上位の「ドラゴンランス」シリーズや、「**ウォーハンマー」シリーズ**★などはSNEの仕事になる書籍群です。

安田先生の豊富な海外ゲームの知識には、まことに耳を傾けるべきお話しばか

★**「ウォーハンマー」シリーズ**
中世ヨーロッパ風の仮想世界「オールドワールド」を舞台にしたTRPG。魅力的な設定とバリエーションでいまなお根強いファンを持つ。91年より翻訳・出版され、シリーズ多数。

りです。また、ゲーム系書籍の版権獲得にまつわる各社の駆け引きも聞いていて興味深いものがあります。氏によれば、この手の本は海外の版権管理会社(それが出版社ということも当然あります)が、かなりハードな姿勢で交渉に臨むそうです。しかし、いったん契約が成立すると、相手先に信義を尽くそうとする。

ところが、その姿勢が、絶版にして重版しないのに版権を持ち続ける出版社に義理立てしてしまうことになり、刊行に意欲的な出版社に立ちはだかる壁になることも一般的にあるそうです。

このへんの諸般の事情をSNEに教わりながら、TRPGの版権の世界の奥深さを、川淵から覗いたような気分でありました。

音楽の本：エンタメの王道

楽譜が多く投票を集めますが、傾向としてはそれ以外に、ミュージシャンの書いたエッセイ集とか、アイドル性の強い写真集などの投票も盛んです。

Ｃｏｃｃｏのカリスマ性

『ＳＷＩＴＣＨ特別編集号〜Cocco Forget it,letit go』★は７００近い投票を集め

★**ＳＷＩＴＣＨ特別編集号Ｃｏｃｃｏ〜Forget it,letit go**

メディアへの露出が少ないミュージシャン。突然の活動休止で、彼女が残した足跡を知りたいという熱い想いが票を集めた。

とくに本書は彼女の考え方や生き方までを伝えている。

ていた本で、歌手Ｃｏｃｃｏの写真集です。

彼女は「強く儚い者たち」などの代表曲を持つ、沖縄の女性歌手。コンサート中に舞台から忽然と姿を消して、その後は引退休養状態となってしまった伝説の歌姫です。

世俗離れしたのびやかで自由な歌声は、聴く人を現代の管理社会から解き放ってくれます。そして、私たちに癒しや励まされるエネルギーを与えてくれます。この写真集のなかで、海岸で佇み、舞うＣｏｃｃｏは、美保の松原に舞い立った現代の天女のようであります。受注開始後、爆発的な売れ行きを示した本書は、いまでも復刊ドットコム発の書籍で第2位の売れ行き実績を残しています。

音楽復刊シーンで、最大の収穫でした。

音楽事始「村下孝蔵」

カラオケボックスの楽譜に、いまは亡き村下孝蔵氏の曲が数多く掲載されているページを見ると、思わず手を合わせてしまいます。

ブッキングでは、ドレミ音楽出版社やＫＭＰの協力を得て、彼の多くの楽譜をオンデマンド復刊しました。

ピアノ、ギターなどの楽譜集の復刊に当たっては、投票者の皆さんからずいぶ

★初恋～浅き夢みし
99年、46歳の若さで急逝したシンガーソングライター村下孝蔵が一〇年前に遺していた作品集。代表作「初恋」「ゆうこ」「踊り子」をはじめ、九六編の作品が収められています。

★谷山浩子楽譜全集
「今更ながらピアノを習いはじめまして、小さい頃から大好きな谷山さんの曲を いつか弾けたらと…。復刊、本当に希望してます。（2001.09.04 まるねこ54）」

ん原本をご提供いただいたことも、われわれのよき思い出です。本当にそのミュージシャンがお好きな方は、自らの楽器でその曲を奏でたいのだなという強い気持ちが伝わってきます。

『初恋～浅き夢みし★』という詩集もＰＨＰ研究所の協力で復刊できました。

音楽系の復刊は難しいと思っていたのですが、たび重なる復刊リリースに意を強くしました。そのことが**『谷山浩子楽譜全集**★』のオンデマンド復刊など、より大きな次の成功に繋がってゆく第一歩となりました。

難関「解散したバンドの本」

復刊交渉が最も難しくて、投票者の皆さんが最も熱い思いを持っているのが、「解散したバンドの本」の復刊ではないでしょうか。

ＹＭＯことイエローマジックオーケストラの「**OMIYAGE**★」、ＢＪＣことブランキー・ジェット・シティ、そして伝説のロックバンド、はっぴいえんどなど、いずれも社会に強烈なインパクトを与えたバンドたちです。

この失われた宝物を求めて、大量の復刊リクエストが累積していきますが、この交渉は一筋縄ではいきません。

何しろバンド自体が解散していますから、復刊への合意をまとめてくれるレ

★OMIYAGE
「ＹＭＯの未発表曲や未発表映像が次々に発掘されるなかで、当時の関連出版物を復刻するという動きがなかったのは不思議です。当時のファンだけでなく、最近になってファンになった人たちにも読めるように復刊希望します。(2000.07.05　石田正浩)」

コード会社もなく、解散から年月も経っているので、出版社の編集者も今は会社を去っているというケースが大半です。

難攻不落の城ではありますが、「まとめてみましょう」と申し出てくれる、かつての編集者や、音楽業界の関係者のご好意を頼って、いくつかの復刊交渉を継続しています。

熱烈なバンド支持者たち

P・MODEL、ZABADAK、白黒法師といった音楽バンドをご存知でしょうか。

申し訳ありませんが、私もけっこうロックなどを聴きましたが、まったく知りませんでした。

インディーズの世界なのでしょうが、今の音楽シーンでいうインディーズは、かなり大きな幅があるようですから、集団としては、より小さなサイズで、よりコアなコミュニティの存在を感じます。

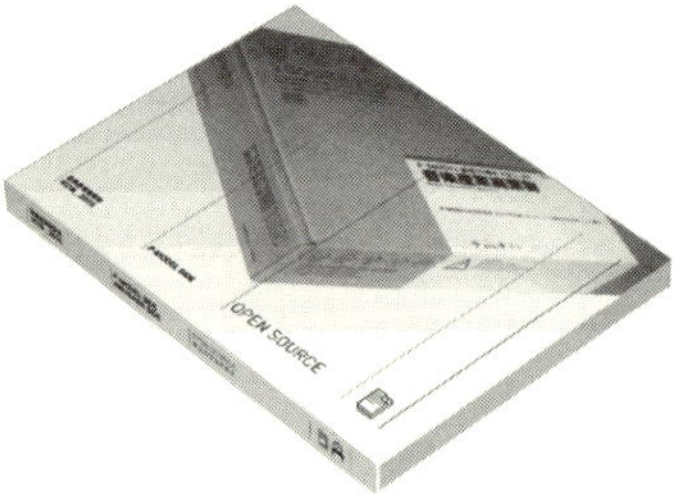

★音楽産業廃棄物
「P・MODELデビュー二〇周年/平沢進ソロ・デビュー一〇周年」を記念して99年にソフトバンクパブリッシングよりリリースされた書籍の復刻・改訂版。

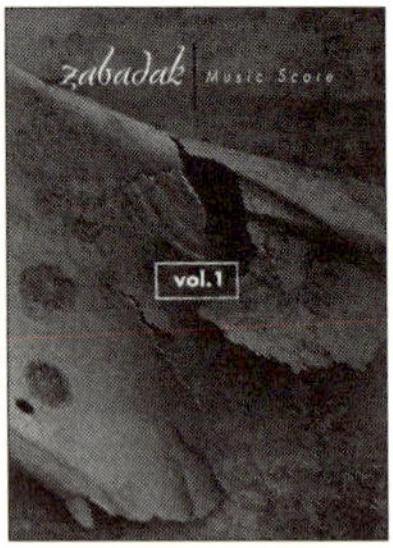

★ZABADAK Music Score Vol.1
「かなり復刊希望の声が多いですし、古本で入手しようにもオークションにもそれほど現われません。最近ファンになった方からは入手できず残念、もっと早く知っていたら…との声をよく耳にします。このスコア復刊で「歌う・弾く楽しさ」をより多くの方に届けましょう。(2001.10.25　avalon)」

P・MODEL『**音楽産業廃棄物★**』、ZABADAK『**ZABADAK Music Score Vol.1★**』、白黒法師のリーダーであった黒棟ムルムルの「闇の詩人」などは、ミュージシャンとファンの方々の、小さいけれど、固い絆から注がれるリクエストです。

児童書～アニメ読み物…トラウマ系絵本とは？

皆さんが子ども時代に読んで、心にのこった本が手元にありますか？

復刊ドットコムではとくに、子どもの頃に読んで、強烈な印象を受けた絵本（「トラウマ系絵本」と呼ぶ！）に人気が集まります。

絶版になっていることも多く、手に入らないが、もう一度読んでみたい、自分の子どもにも読ませたいという親たちの欲求があるのです。

ここでは、まさに復刊ドットコムでブレイクを果たしたといってもいい大海赫先生、そして長谷川集平氏について、ご紹介しましょう。

幻の絵本作家、大海赫《おおうみあかし》★

『ビビを見た！★』を読んだことがありますか？

★大海赫
31年、東京・新橋生まれ。早稲田大学大学院仏文研究科修了。長く学習塾を経営。やがて、童話制作に専念。現在、東京・多摩センターで「リサイクルショップ魔女」を営んでいる。03年には、新作『童話 ガイコ』も刊行された。

★ビビを見た！
説明不可能の名著。まずはご一読を！

復刊ドットコムで最も活躍された方といえば、なんといっても大海赫先生でしょう。

二〇〇四年、**年間四点の復刊**★は最多ですし、よしもとばなな氏との対談、リブロ池袋店での初のサイン会など、その活躍は枚挙に暇がありません。

そして最大の朗報は、二〇〇五年の五月に日本児童文学家協会の**児童文化功労賞**を受賞されたことです。

こういうカムバックを演出できるなんて、復刊ドットコムをやっていてよかったなと思います。

よしもとばななの原点『ビビを見た！』とはどんな絵本なのか？

まずこの「ビビを見た！」という本は、ほかの児童書出版社の方に刊行を相談した際、「暗い」「差別用語がネック」「うちなら出さない」などと、否定的な見解ばかりを聞きました。

しかし、私は原本を手に入れ読んでみて、この本の真摯さ、愛おしさ、美しさに惚れ込みました。

なぜ、この本のすばらしさがわからないんだろう？と不思議に思っていました。

★年間四点の復刊
05年現在、『ビビを見た！』のほか、「クロイヌ家具店」「ドコカの国にようこそ！」「メキメキえんぴつ」が復刊されました。

投票者のコメントからもこの本が子供たちに与えたインパクトの強さがわかると思います。

▼自分の本当の世界が、何色なのかを考えさせるきっかけとなった本です。(2000.9.5　YUKO)

▼小学校の図書室で初めて読んだのが1年生のとき。以降6年間、ずっと借り続けていました。そして卒業するとき、この本がもう読めなくなるのがとても悲しくて、ノートに全文を書き写したのです。挿絵もまねて書き写しました。そのノートは20年経った今でも、嫁ぎ先までしっかりと持ってきています。それほどにこの本は私にとって大切な本です。復刊したらどんなにうれしいことでしょう……。(2001.2.11　匿名)

▼小学校の図書館で借りて、20代後半になった今でも忘れられません。冒頭から、少年がビビに出会うまでの内容は、わたしにとって「文学」との出会いだったのかも、と思います。(2001.2.27　匿名)

そんな私たちの思いをしっかりと裏付けてくださったのが、よしもとばなな先生です。

先生は、私たちのいいたかったことすべてを、そのものずばりと解説文の中で力強く、それでいて感性溢れるお言葉で綴ってくださいました。

この本をご存知ない方もだまされたと思って手に取ってみてください。人にとって、本当の愛とは、真実の美とはどのようなものかを、**心と視覚で**感じることになるでしょう。よしもと先生のご好意で、その一部を紹介いたします。『ビビを見た！』は、よしもと先生の作家としての出発点であるのです。

「私がこの本から受けた影響は、並大抵のものではありません。今、39歳になって住んでいるこの家にも、ちゃんと一九七四年、理論社刊の『ビビを見た！』を持ってきているのですから。読んだのは10歳の時だから(ちなみに、大海先生のもうひとつの名作『クロイヌ家具店』もいっしょにあります！)なんと29年間、ずっと大事に読み返し、内容も決して色あせない、これは私にとってそういう本なのです

よしもとばなな」

不朽の名作『はせがわくんきらいや★』

その絵本のページを開くとき、指が震えました。
復刊が確定した『**はせがわくんきらいや**』を手にしたときです。

墨で流れるような強烈で個性的なタッチの絵。そして乱暴でぶっきらぼうな子供たちのセリフの底のまた底に流れる、森永砒素ミルク中毒の患者である主人公のはせがわくんへのいたわりの気持ち。ひさびさに手に取って読みながら、私は心のなかで涙を流していました。

そして、長崎で「シューヘーガレージ」を営む長谷川集平★氏から、刊行の許諾の話を承ったときには、本当に喜びが爆発しました。

刊行した出版社が何度も倒産したことによって、数度の絶版という不遇をかこった本書を今度こそ絶やすことなく、世に伝えたいと心底から思いました。

そして、名作『はせがわくんきらいや』は復刊以来、順調なセールスを重ねました。

マスコミ取材も止まりません。ブッキング発行の書籍では、異例の大増刷を重ねております。読者が読みたい、書店が売りたい、マスコミが紹介したい、すばらしい作品です。大手出版社のように莫大な広告費はかけられませんが、新聞、雑誌などマスコミの方が放っておかない力がある本なのです。

★はせがわくんきらいや
「中学生時代、ホームルームの教材としてこの本を知りました。一見、なぐりがきのように見える（失礼！）絵と、内容の重さからずっと心に残っていました。そして私もまた教育実習時に教材として取り上げました。生徒たちも内容を真摯に受けとめてくれたようでした。ぜひとも復刊して多くの人に読まれることを願います。（2003.04.27 イナ）」

★長谷川集平
絵本作家でミュージシャン。復刊ドットコムでは、この『はせがわくんきらいや』復刊をきっかけに『パイルドライバー』『とんぼとりの日々』など陰に隠れていた名作絵本を次々と復刊リリースして、好評を博しています。

灰谷健次郎先生や谷川俊太郎先生、五味太郎先生のようなビッグネームも、あちこちで本書のすばらしさを喧伝してくださいます。知らないうちに朝日新聞や読売新聞の書評欄で紹介されています。児童書の各種団体の選定図書にも、真っ先に加えられます。

もっとも効果のある広告とは、テレビCMでも新聞広告でもなく、口コミだといわれます。読者の支持は、出版社の枠組みを超えて、脈々と伝えられてゆくのです。

児童書とTVアニメのあま〜い関係

復刊ドットコムのジャンルでは「児童書」には分類されますが、その実態はテレビアニメ化が投票と密接に結びついていたケースがかなりあります。

その最も象徴的なカテゴリーが「**世界名作劇場**★」です。

★世界名作劇場
毎週日曜日の夜7時半より、「**カルピス名作劇場**」や「**ハウス名作劇場**」などのタイトルで親しまれてきたアニメシリーズ。逆境のなかで頑張っていく主人公たちの生き方に、感動したり励まされたり。アニメは禁止だけど、この番組だけは見てもいいっ言われた人も多かったのではないでしょうか。その記念すべき第一作は、69年より始まった「ムーミン」だということはあまり知られていません。その後も、「アンデルセン物語」「ムーミン(新シリーズ)」「山ねずみロッキーチャック」と放映されましたが、なんといっても世界名作劇場シリーズを定着させたのは、74年に放映された「アルプスの少女ハイジ」。高畑勲・宮崎駿が制作に参加したことでも有名なこの作品の大成功により、以降は年一回のペースで日本アニメーション制作により、「フランダースの犬」「赤毛のアン」「小公女セーラ」など、良質の海外文芸を次々とアニメ化していきました。

★「アルプスの少女ハイジ」には続編があった?
じつは「それからのハイジ」「ハイジのこどもたち」という作品があります。故郷に帰ってきて、教員として子供たちに接し、やがて幼なじみのペーターと家庭を持つハイジ。そして、ハイジの後任の先生には、ローザンヌでの親友ジャミーがきてくれます。巻き起こるさまざまな事件もハイジの明るさと親切心が解決していく。そして、謎に包まれたアルムのおじいさんの秘密も解き明かされていくのです。

築地書館ニュース

ノンフィクション
趣味

TSUKIJI-SHOKAN News Letter : New Publications & Topics

〒104-0045　東京都中央区築地7-4-4-201　TEL 03-3542-3731　FAX 03-3541-5799

◉ご注文は、最寄りの書店または直接上記宛先まで。（発送料200円）

古紙100％再生紙、大豆インキ使用

《趣味・実用の本》

作ろう草玩具

佐藤邦昭［著］　◉6刷　1200円＋税

身近な草や木の葉でできる、昔ながらの玩具の作り方を、図を使っててていねいに紹介。カタツムリ、馬、カエルなど、大人も子どもも作って遊べる。紙でもできます。

宝石・鉱物　おもしろガイド

辰尾良二［著］　◉4刷　1600円＋税

お金がなくても楽しめるジュエリー収集から、とっておきの宝石採集ガイドまで。鉱物の知識でホンモノを味わ…宝石に詳しくないあなたも、鉱物趣…

農で起業する！　脱サラ農業のススメ

杉山経昌［著］　◉8刷　1800円＋税

規模が小さくて、効率がよくて、悠々自適で週休4日。農業ほどクリエイティヴで楽しい仕事はない！　外資系サラリーマンから転じた専業農家が書いた本。

無農薬で庭づくり

オーガニック・ガ…
ひきちガーデンサ…
1日10分で、み…
薬・無化学肥料…
屋さんが、そ…

和竿づくりの本

オーガニック・…

《海外ノンフィクション》

ネイティブ・アメリカン＝叡智の守りびと
ウォール＋アーデン［著］　船木アデルみさ［訳］
◉3刷　4800円＋税　　全米各地のインディアン居留地を訪ね、スピリチュアル・エ…ー（精神的長老）たちの言葉を記録した、…ベストセラー。オールカラー。

…伝えて＝ネイティブ・…リカンの女たち
…［編］　船木アデルみさ＋船木卓也［訳］
…税　　大地に根ざした哲学にささ…多様な役割を担う14人のネイティ…が語るライフ・ストーリー。

…アメリカ建国・日本国憲法…
…1500円＋税
…先住民の部族連合がモデル…主義の「もう一つの源流」…を超えてたどる魂の旅。

シャーマンの弟子になった民族植物学者の話［上下］
プロトキン［著］　屋代通子［訳］　◉2刷
上2200円＋税　下1800円＋税　神々の植物の謎に迫る…世界でベストセラーになった、動植物、新薬開発、人間をめぐるアマゾン冒険物語。

アマゾンとアンデスにおける一植物学者の手記［上下］
スプルース［遺稿］　ウォレス［編纂］
長澤純夫＋大曾根静香［訳］　各6000円＋税
19世紀半ばアマゾン・アンデスの植物採集・調査を行った英国の著名な植物学者の探検記。

200万都市が有機野菜で自給できるわけ
【都市農業大国キューバ・リポート】
吉田太郎［著］　◉6刷　2800円＋税
有機農業、自転車、太陽電池、自然医療などエコロジストが夢見たユートピアが現実に。

《ロングセラー》

ガーデン・ブック
◉3刷　1800円＋税

著］　飯島正久［訳・解説］

◉6刷　3000円＋税

100年前のアメリカで刊行されて大反響を呼んだ日本文化論が、新訳でよみがえる。ていねいな解説と現代語訳、大きな文字で大好評。

三木成夫［著］　◉3刷　2400円＋税

死後ますます評価の高まる著者の論考集。未だ成書にされていない論文、講演録、エッセイなどを編んだ、人間生命の根源を考察する「三木学」のエッセンス。

黒髪の文化史

大原梨恵子［著］　◉6刷　4700円＋税

人びとの暮らしの中で髪形はどのように位置づけられてきたのか。奈良から明治まで、時代精神を映しだす鏡面としての髪形を、豊富なエピソードをまじえて結いあげる。

沖縄舞踊の歴史

矢野輝雄［著］　◉2刷　4700円＋税

古書店でしか手に入らなかった幻の名著が13年ぶりに復活。伊波普猷賞受賞の著者が、沖縄舞踊の発達と変遷など、歴史的展開の経緯を跡づけた貴重な書。

《土門拳　写真とエッセイ》

筑豊のこどもたち

1959年暮れの筑豊炭田の厳しい現実を、子どもたちの動作や表情を中心に映像化した、リアリズム写真の名著。土門拳の原点ともいうべき作品。いまだに新聞等で紹介されるロングセラー。　◉18刷　2700円＋税

死ぬことと生きること ［正・続］

ひたむきに日本人と日本文化に取り組み、撮り続けてきた土門拳の鮮烈な感動を呼ぶエッセイ集。著者自選の写真15葉（ダブルトーン印刷）を各巻に収録した。

◉正編24刷・続編12刷　各1800円＋税

価格は本体価格を表示（別途、消費税がかかります）。価格・刷数は2005年7月現在

総合図書目録を無料でお送りします。ご請求は小社営業部まで（TEL:03-3542-3731　FAX:03-3541-5799）

ホームページhttp://www.tsukiji-shokan.co.jp/（メールマガジンのご登録もできます）

日本アニメーションの版権管理する「あらいぐまラスカル」、ズイヨー映像の「**アルプスの少女ハイジ**★」などで多くの親子の心をつかんできました。

このシリーズだけで、二〇〇五年三月現在で、１００票以上を獲得している書籍が二〇点もあります。

スタジオジブリ

そしてもう一つの大きなカテゴリーが、ご存知、「スタジオジブリ」です。

『**残された人びと**』は「未来少年コナン」の原作本として人気が出ました。復刊後すでに五回もの重版を重ねて、復刊ドットコムの販売ベスト第9位にランクインしています。

児童書ではありませんが、ジブリ系図書で、ちょっと面白いできごとがありました。

多くの投票が集まった『**宮崎駿イメージボード集**★』の復刊交渉に行った際、当時ジブリの窓口だった徳間書店の担当の方に「なぜ、この本が欲しいか、投票者の方々にきいてみて欲しい」といわれて、この本のニーズアンケートを実施しました。

★残された人びと
83ページ参照。

★宮崎駿イメージボード集
４２４票獲得。「少年マガジン」の特別別冊として、83年3月に一三〇〇円で発行された。

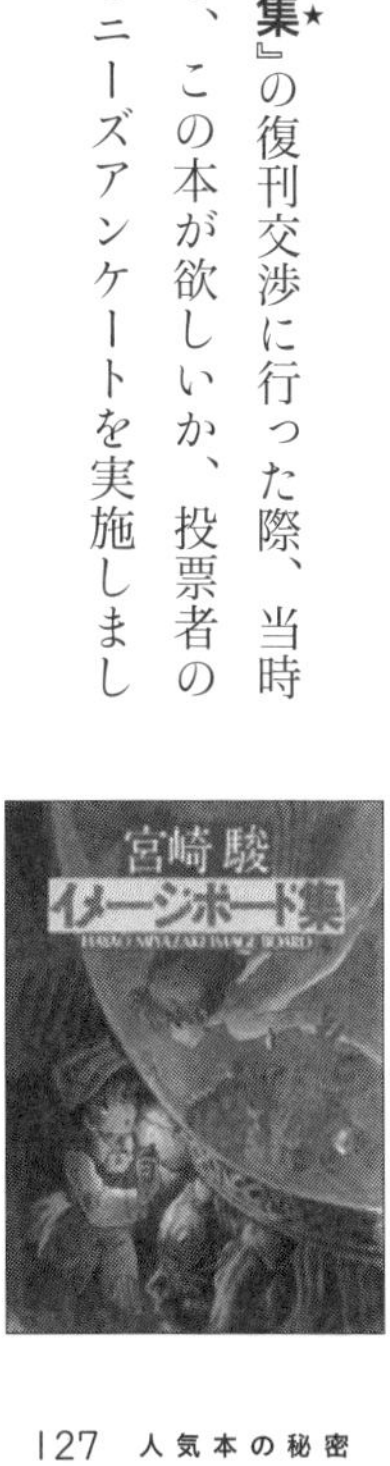

徳間書店の方々の疑問は『宮崎駿イメージボード集』に掲載されている「もののけ姫」の原型絵などは「ほかの書籍にも出ているのに、なぜ？」ということでした。「刊行していることを、みんな知らないだけなのではないのか？」という問いかけでした。私も「なるほど」と思い、アンケートの準備に入りました。

しかし、結果は大違いでした。

大半の方は、表紙の少年と人魚姫の水中での美しい出会いのシーンが欲しかったのです。確かに、**この絵はほかでは買えません**。

そして、なおも投票者の方々は、おっしゃいます。「宮崎監督が、当時何を考え、何を感じていたかを、このイメージボード集を手にして同じ空気を感じたい」という深い理由です。思った以上に、回答者の皆さんの「わかっていること」を、私は密かに誇りに思いました。

「絵本」より「読み物」が強い

児童書出版の世界では、一般的に「読み物」より「絵本」の売上げが優位という状況があります。幼稚園販売ルートの存在、昨今の学童の読書力低下を考えると、どうしても文字がたっぷり入った「読み物」よりは「絵本」の方が優先して出版されます。

しかし、復刊ドットコムは「子供時代、買いたくても買えなかった」という会員が中心です。必然的に、**読み応えのあるファンタジー作品**が投票の上位に顔を覗かせます。

そのなかでも投票数、投票アイテムともにほかを引き離しているのが、天澤退二郎氏です。

天澤退二郎の世界

宮澤賢治研究の最高峰として同学会会長も務め、フランス文学の翻訳や詩人としても活躍する天澤退二郎氏ですが、一方で多くの優れた児童文学読み物も残されています。『**光車よ、まわれ！**★』「オレンジ党」シリーズなどが、その代表作です。魔法の支配する異世界が、現実の社会に侵攻してくる脅威を、主人公となる子供たちが智恵と勇気で対抗するというお話です。これらのなかでも『光車よ、まわれ！』はとくに人気が高い作品で、ファンタジーを愛好する人びとにはカリスマ的な存在となっていました。

「世界の民話館」シリーズ全一〇巻

ルイス・マニング・サンダーズ著、西本鶏介訳になる「**世界の民話館**」**シリーズ**★

★光車よ、まわれ！

「オレンジ党」シリーズと同様に、絶版となっていたため、ネット上ではこれらの作品を懐かしみ、讃える声があとを絶ちませんでした。

「光車よ、まわれ！」は、異世界と現実世界を対抗する二つの機軸としてとらえていますが、単純な善悪二元論として描くのではなく、人の中に矛盾して存在する相克として描いた点に秀抜さがあります。ファンタジー文学は、どうしても「ハリー・ポッター」や「指輪物語」など海外翻訳物に目が行きがちです。しかし、天澤退二郎、別役実などが70年代から80年代にかけて、多くの優れた作品を残していることを忘れないで欲しいと思います。

を二〇〇四年に刊行しました。

規模からいえば「ダルタニャン物語」「藤子不二雄Ⓐランド」以来の大型復刊です。

読む前には、私も正直、こんな昔話が面白いのだろうか?と半信半疑でした。

しかし、一度手に取ってみれば、竜やドワーフたちが本当に生きているようにページを闊歩するのです。翻訳の力って、こんなにすごいんだと唸らせられる名訳です。子供向きの読み物だなんて意識はまったく飛んでしまい、物語そのものの楽しさにすっかり引きずりこまれてしまい、あっという間に読了してしまいました。

翻訳者である西本先生にこの作品の意義を解説していただいたとき、そんな先生のお話をうかがいながら、私は、なぜ「世界の民話館」が読んでいて面白いのかという疑問が氷解しました。

そうです。西本先生の取り上げられる世界各国の

★「世界の民話館」シリーズ
この本は、世界中から集めた民話をテーマ別に一冊の本にまとめたシリーズ。「こびと」「魔法使い」「王子と王女」など、親子にとって興味深く、親しみやすいテーマが、それぞれの巻に立てられている。内容も「白雪姫」のような誰もが知っている有名な物語もあれば、いろいろな国や地方独自の色が出ている物語などバラエティに富んでいる。これらの物語を、西本鶏介先生が平易に、飽きさせない文体で紹介した。

著者であるサンダーズは、イギリスのウェールズ南部出身で、約五〇冊の民話関係の著書を持ち、民話研究者として世界的に有名。西本先生は、実践女子大や昭和女子大で児童文学の教鞭を執られてきた傍ら、多くのエッセイ集、民話集、童話絵本の著書を残された。民話や昔話系では、日本の児童文学界の第一人者といえる。

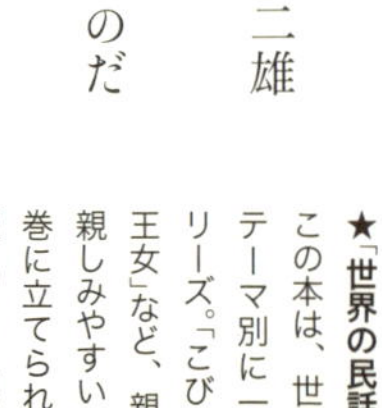

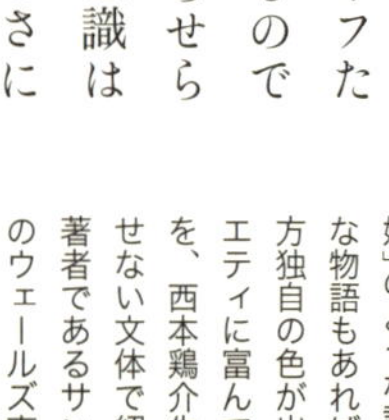

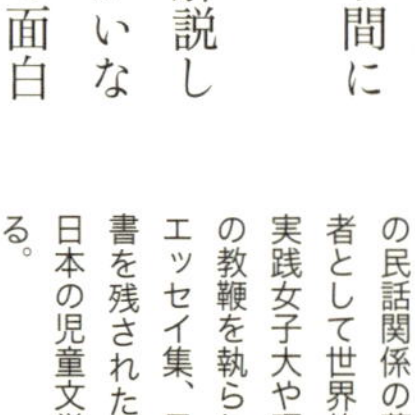

民話は、どれもこれもポジティブなのです。

先生がおっしゃるように「日本の民話はすぐに化けて出たり、幽霊になったりして湿っぽい」のですが、「世界の民話館」に登場するお話は、やや予定調和ですが、幸福と未来に向かって、シンプルな道徳観で世界が構築されています。これは、とっても気持ちがよいのです。**シンプルイズベスト**。優れた芸術に迷いはない、ということを西本翻訳ワールドは体現しているのです。

「名犬レッド」シリーズ★

「名犬レッド」シリーズ第三弾の完結作は**本邦初翻訳の作品**でした。

本作品は角邦男氏の訳で『赤毛の大きな犬』『駄犬のマイクは大天才』の、シリーズ二作品のみが邦訳出版されていました。しかし、なぜかもう一作品だけが、日本では未紹介でした。

復刊を希望する方々からも、「復刊するなら三部作揃って」という声が高かったため、『いたずらロバート』の翻訳者である槙朝子氏にお願いして、最後の三冊目を刊行したのです。自社での邦訳は、初のトライアルでもありました。

★「名犬レッド」シリーズ
ジム・キェルガード著。ディズニー映画にもなった、大自然の中での犬と人間の固い絆を描く「赤毛の大きな犬」の雄々しいアイリッシュ・セター、レッド。そして、その妻シーラとの間に生まれた息子のうち、レッドとショーンの物語を一冊ずつジム・キェルガードは残しています。

市場から消えていく文芸作品

今後、もっとも復刊ドットコムで強化せねばならないジャンルは、このジャンルかなと思っています。

コミック、児童書が順調に復刊するなかで、文芸書の復刊はやや停滞気味。われわれはどうしても市場の大きいコミックや、安定した図書館需要が確保できる児童書に走ってしまいがちです。

そんなこともあって、文芸好きな会員の間で批判的なご意見が飛び交っていることも、漏れ聞いています。しかし、「**売れないからしかたない**」と開き直るのではなく、マーケットに適した復刊ソリューションを切り拓くのが、われわれの役目だと思っています。

グーテンベルグ21★との提携

個人経営でコツコツと電子書籍の開発と通販を続けてきたグーテンベルグ21の大和田氏とコンタクトを持ちはじめたのは、大和田氏が販売している電子書籍のなかで復刊投票銘柄があることに気づいたからです。

主に海外名作を電子書籍で紹介してきた大和田氏の扱う作品には、電子版では購入できるが、紙の本では入手不可能という本が多々あります。

★グーテンベルグ21
http://www.gutenberg21.co.jp/
電子書籍が買えるデジタル書店。

ブッキング編集部の人手不足もあって、私はそのような絶版書籍の復刊に当たって大和田氏にテキストデータ入手から、編集までの一連の作業をお願いしました。大和田氏は講談社の関連会社で編集実務の経歴をお持ちだったからです。

そして、『**赤い館の騎士**★』『**ガラス玉演戯**★』の名作が復刊されたのでした。

知の最高峰、佐藤亜紀氏

佐藤亜紀氏は、一九九一年に日本ファンタジーノベル大賞『バルタザールの遍歴』で衝撃のデビュー以来、『モンティニーの狼男爵』『1809』など、欧州の陰影と狂気を彫り刻んだ作品を世に次々と送り続けています。

そして復刊ドットコムでは、名作『**戦争の法**★』『**鏡の影**★』を、ファンの投票の後押しを受けて、早い段階で復刊しました。国内文芸作品の数少ない復刊事

★赤い館の騎士

ルイ16世時代のフランスを舞台とする絢爛たる歴史絵巻。デュマ節炸裂で、ハラハラドキドキの連続。断頭台の露と消えた、美しき悲劇の王妃マリー・アントワネットを救出せんとする人々。そして、それを阻止せんとする官憲。ジロンド党や山岳党の対立という史実を背景に、若人たちの友情と、恋情がパリの市街戦の中を駆け抜けます。そして、歴史の大きなうねりは、物語の締め括りに壮絶なクライマックスを与えるのです。不朽の名作が三〇年ぶりにベールを脱いだ!

★ガラス玉演戯

第二次世界大戦中、43年スイスで刊行されたヘッセ最後の長編。ナチス暗黒時代を貫く一筋の精神的な軌跡を記した作品。

ヘルマン・ヘッセのノーベル文学賞受賞作。

例となっています。

二〇〇三年の春、佐藤亜紀先生と初めてお会いしたときは、先生は黒ずくめの服装でいらっしゃいました。そのとき、私は素敵な笑顔の後ろに、溢れる知的なオーラを感じたものでした。

佐藤亜紀先生からは、貴重なメッセージをいただけました。

日本の文壇シーンの消耗を象徴するようなコメントですから、紹介させていただきます。

「日本の作家は忙しい。毎月どこかの雑誌に短編を掲載している作家、複数の連載を平行して持っている作家、毎年一冊どころか二冊も出版している作家はいくらでもいる。ある若い編集者が言ったことがある。「一年一冊なんて悠長過ぎますよ。年四冊。それが最低限です。でないと読者に忘れられてしまいます」一二年で六冊などという作家は、おっそろしく寡作、ということになるらしい。とっくに消えていたって不思議はない訳だが(実際、やばい瞬間もあった、ということはご存知だろう)、何やら生き残っているのは読者諸嬢諸氏の御厚情のなせる技である。正直、こんなに早く復刊に漕ぎ着けられるとは思っていなかった。この場を借りてお礼を申し上げておきたい。」

★戦争の法
75年に日本海側にあるN県が突如独立を宣言し、街にはソ連軍が駐留。中学生の「私」は抗ソ・ゲリラの一員を志願して、戦争の狂気に飲み込まれてゆく。

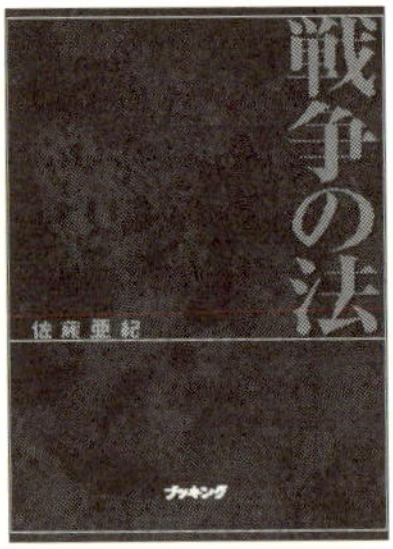

★鏡の影
絶版に際して、ほかの文学作品と不幸な衝突があった本。しかし、この作品の完成度の前には、そんな経緯はどうだっていい。中世ゴシック建築のような骨太の文書に耽溺しながら、知の旅に出よう。

実用書や専門書…意外な人気で、色あせないネタ

コミック、ゲーム本中心の復刊ドットコムと思われがちですが、しかし多くの投票のなかでは、エンタメでも、文学でもない実用書の名著が頭角を現わす瞬間があります。

この出会い、発見が新鮮な知的体験なのです。そういう本には、意外にも、実用書系や専門書系の投票がキラリと光るのです。

物理の本、健康の本、植物の研究書、囲碁の指南書など、その真髄に触れることで、自分のなかの内的な世界が広がった気がします。

親切な物理★

学習参考書の復刊ができるということは考えたこともありませんでした。

『親切な物理』という本は、出版元であった正林書院が二回も倒産してしまったことから、宙に浮いてしまった名著です。出版社が潰れてしまったので、交渉相手がいません。

こういうときに頼りになるのはインターネット。著者名を頼りに検索してみると、同じ学問領域で、信州大学にそういう名前の方がいます。しかし連絡を取っ

★親切な物理
「学校教育のレベル低下が叫ばれる昨今、一五年程前に大学受験を経験した世代が勉強し直すのに最適な物理の参考書がありません。今こそ「親切な物理」で、物理の基礎を学び直したいと考えます。（2002.03.26匿名）」

てみると、その方はまったくの人違いでした。「よく間違えられます」と笑ってお許しいただいた上に、本当の著作権継承者への連絡先を教えていただきました。交渉担当の竹林がその住所を尋ねると、なんとお相手は京都教育大学の渡辺学長のご家族でした。

復刊の話は、著作権継承者のご家族から経済的支援まで受けて、トントン拍子で進みました。そして二千部刷って発売した途端、待っていましたとばかりに多くの注文をいただきました。

できあがった本を手にして、私は待望の理由がわかりました。

とにかく情報量が多いのです。ページの隅々まで、**ぎっしりと書き込まれたアドバイス**と指導。著者と編集者の情熱を伝えて、あまりある物理の指導書であったのです。発売以降もずっと春になると動き出す、ロングセラー本であります。

物理は復刊に適したジャンル★？

また『**ランダウ・リフシッツ理論物理学教程**★』という全一〇巻の専門書があります。なんと500票近い投票が投じられています。

この本は変わった刊行形態をとっており、全巻のうち一部が岩波書店から、残りは東京図書から刊行されています。原書はロシア発だそうですが、物理学のカ

★物理は復刊に適したジャンル
復刊特集には「物理」のページがあり、現在一六五点の書籍が掲載されています。

★ランダウ・リフシッツ理論物理学教程
「物理に興味を持つ人にとってバイブルともいえるこの本を自分の手元に置きたいと思っている人は多いと思います。私もそのうちの一人です。(2005.05.25 tcpl)」

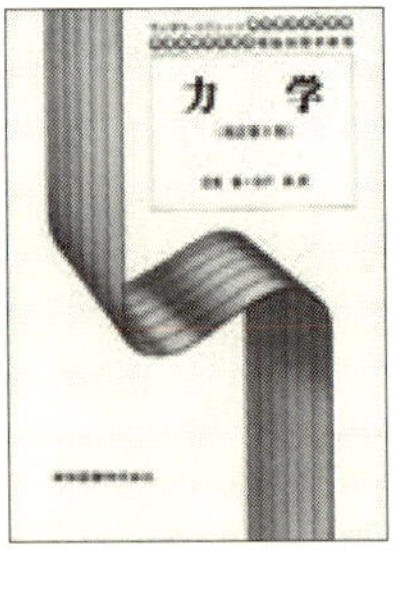

リスマ的権威の書でありながら、何とも**不思議な経緯をたどった書籍**です。

物理というジャンルは、不変の法則を扱う学問ですから、時代の波を受けにくく、意外にも復刊に適したジャンルなのです。

健康の根は母乳にあり

健康関連の本で、復刊ドットコムに特徴的な書籍として母乳授乳の大切さを訴える書籍があります。

『**良い子が育つ健康母乳食**★』はオンデマンドでの復刊です。内容は、総合母乳育児の提唱者である山西みな子先生が一〇年前に書き下ろした母乳による育児のバイブルと言われています。

もう一冊は亀山静夫氏『**体質の良い子に育てましょう**★』です。この本も出版社の絶版で、実質的に入手困難となっていた書籍です。

★良い子が育つ健康母乳食

わが子を母乳で育てる上で、お母さんたちの悩みの種に乳腺炎があります。これを防ぐためにはどうすればいいか、アトピーになりにくい子に育てるためにはどのような食生活を送ればいいかなど、生活に密着した智恵とレシピがたっぷり詰め込まれています。

★体質の良い子に育てましょう

復刊リクエスト166票を集めた書籍。もとは仙台で「御三家」と呼ばれた大手書店チェーンであった高山書店の発売する書籍でした。しかし、この老舗が廃業ということになり、行き場を失った本書を、縁あって現発売元であるフジ・カンパニーが買い取って、受注に応じていたのですが、ファックスのみの受付で、連絡を取るのも難しいという状況でした。

フジ・カンパニーにたどり着くまで、投票者の皆さんに教えを請いながら、著者の病院にまで電話をかけてみたりもしました。

内容は、母親に向けた、アトピー対策の書です。辞典形式で、読みやすく書かれた本書は、加工食品や薬漬けでは得ることができない、本当の健やかな生活を、古くて新しい発想で紹介します。著者の亀山静夫先生は、小児科の現場に長く携わっていらっしゃる、未熟児新生児の循環器系治療の権威です。

マジックの古典『あそびの冒険★』

最近では**クローズアップマジック**という観客の目と鼻の先で見せる即席の手品が大流行しています。

マジックバーなど、手品もお酒も楽しめるスポットが出現しているほどです。

長らく品切れ状態となっていた『あそびの冒険』は、一万九千円という価格で復刊したにもかかわらず、わずか一カ月で売り切れてしまいました。その後も、オンデマンド印刷で小刻みな増刷を繰り返して来ましたが、注文は絶えることがありません。

しかし、マジック好きな皆さんは、本当によい本が何であるかは、ちゃんとご存知なのです。良い本には、必ず人が集まってきます。「本は売るものではなく、売れるものだなぁ」と思うのは、こういうときです。

上田まり子の焼きたてパンLESSON

５００票近い票数を集めながら「残念」となってしまった『**セット！ポン！でパン!!**』という料理本があります。

そして、その内容を踏襲してあまりある『上田まり子の焼きたてパンLESSON★』が人気です。

★あそびの冒険
松田道弘著。マジックの世界には、本書の著者である松田道弘氏をはじめとして、故高木重朗氏などの技術解説の権威がいらっしゃいます。本書のPRには、マジックのコミュニティサイトを持ち、マジックグッズのショップもお持ちの「**マジェイア・シティ**」が一肌脱いでくださいました。

本書は、ホームベーカリーでつくる(これって、一時期、本当に流行りましたよね)、手づくりパンを中心としたパンのレシピ集です。投票のあった『セット!ポン!でパン!!』は、本が刊行された経緯から復刊が難しいということでしたが、白夜書房からそのすばらしい内容が再現されました。

レゴ、その奥深き楽しみ

レゴブロックという遊び★は、なかなか奥の深いものがあります。

北欧はデンマークに生まれたこの知育玩具は、子供たちのみならず大人のファンも少なくありません。わが家の息子やその友人もレゴの魅力に取り憑かれて、なにやら部屋でゴソゴソとレゴの世界にドップリと浸っています。

168票を集める『**レゴの本〜創造力をのばす魔法のブロック**★』は、レゴという遊びの森を集大成し

★セット!ポン!でパン!!
ホームベーカリー(自動パン焼き器)を使ったパンのレシピが豊富にあり、裏ワザも紹介。著者からは復刊は出来ない旨の連絡あり。残念!

★上田まり子の焼きたてパンLESSON
お子さんがよろこんで食べ、栄養価も高く、誰でもおいしくつくることができる、唯一無二のホームベーカリーのレシピが紹介された書籍。

★レゴブロックという遊び
そのバリエーションには、流行のキャラクターものから、レトロな海賊船など、原色の鮮やかなブロックの創り出す自由な世界があります。妙なたとえですが、ポテトチップスにさまざまな味が商品として出はじめたように、素材が単純だからこそ、創意工夫や自由な発想が育まれるのです。

★レゴの本
訳者の成川善継氏は北欧の工芸品を展示販売する、「北欧の匠」という素敵なお店のオーナー。当時、レゴジャパン社の副社長だった氏は、ご友人であった、今は亡きリブロポート社の市原社長の依頼を受けて、この本の翻訳に携わられたそうです。

たカラーページが楽しい書籍です。

レゴ本は、その玩具の人気のわりには、意外と数が少ないのです。

本書はスタンダード・レゴのよさを伝える丁寧なつくりで、飽きのこない内容となっています。

復刊に当たっては、そんなレゴブロックを日本で普及流通させている会社であるレゴジャパン社★に、販売面のご協力をいただきながら復刊の準備を進めました。

珍しいビジネス書や、なぜか需要の高い専門書の復刊

ビジネス書や医学書は復刊が難しいジャンルです。

前者は経済トレンドの最先端が求められ、後者は日進月歩の最新技術が求められるからです。過去の書籍を再び世に問うことが難しいのです。

しかし、そんなジャンルのなかでも熱心な読者に支えられ復刊となった本を紹介しましょう。

自己啓発本の元祖とは？

ビジネス書の老舗出版社であるダイヤモンド社との共同復刊(49ページ参照)をしました。

★レゴジャパン社
全国に19店舗のレゴショップを展開する会社。世の中、ネット通販全盛の時代に、店売りに徹した硬骨の姿勢には、思わず感服。

ノーマン・ビンセント・ピール著になる名著『**積極的考え方の力**★』の復刊を実現しようという試みです。

今、出版業界は「ハリー・ポッター」のようなファンタジーと、たとえば『「原因」と「結果」の法則』のような自己啓発系の翻訳書に支えられているといってもいいくらいですが、この本は後者の源に位置する本なのです。

通算四五刷、累計五〇万部はダテではありません。103票の得票を集めて、復刊が実現しました。永遠の真理は風雪を経てなお輝くのです。

また、なぜか需要の高い**植物の研究書**もあります。

原色日本のスミレ★

誠文堂新光社の90周年記念行事としての復刊が実現した本書は、日本を代表する花「スミレ」の開花時の全体の姿、花の分解図、果実を結んだときの葉などが見事に表現された一冊です。

小笠原植物図譜★

この本の復刊には二年半の年月を要しました。この本はまだ復刊交渉の開始基

★積極的考え方の力

英語でいえば、「The Power of Positive Thinking」（うん、力強い！）。キリスト教に根ざした確かな生活のアドバイスが、身近なエピソードで優しく語り伝えられる一冊。

準が50票であった時期の二〇〇〇年六月に50票に到達。そこから、復刊達成まで、なんと九六〇日かかったのです。

この本は、復刊投票には珍しいジャンルであったことから、さっそく出版社である鎌倉のアボック社に電話をしました。アボック社も、すぐにでも復刊したいとお考えでしたが、復刊投票にさほど大きな票数が集まっていなかったこと、内容の再検討などで、すぐには復刊というわけにはいきませんでした。

しかし、諦めずにしぶとく追い続けたお陰で、復刊が成立した本です。

マックを愛し続けるファンのニーズ

復刊ドットコムには、マッキントッシュのコミュニティも存在します。**『デファイング・グラビティ〜Newtonテクノロジーの誕生』**★は、マッキントッシュの初期コンピュータの豪華な開発ストーリーで

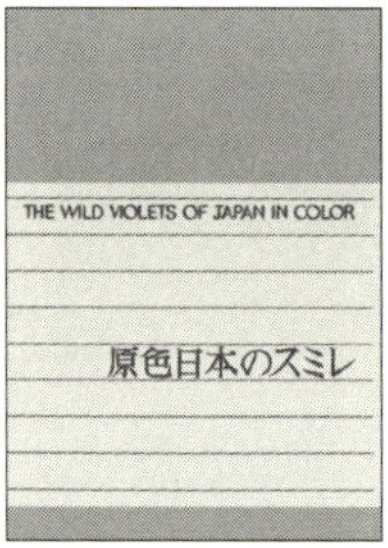

★原色日本のスミレ
75年に発行された「原色日本のスミレ」の増補版として、著者自筆の一二〇枚の彩色画に加え、一九枚を「追録」という形で掲載。一冊二万円という高額商品ながら、二〇〇人の方々にご購入いただいたことが、「スミレ」を愛し、研究するすべての人が待ち望んでいた証しです。

★小笠原植物図譜
東洋のガラパゴスとも呼ばれる、小笠原諸島の稀少な植物満載の植物図鑑。植物の花期や分布図が、非常にこと細かく書かれており、このような図譜はほかに類を見ず、それだけ専門性を極めた本には、必ず大きくはなくとも確かなニーズがあるのです。

す。

　翔泳社の協力を得て復刊したものの、一冊九千八〇〇円もするこんな本を誰が買うのだろうと不安に包まれながらの復刊でした。

　しかし売れました。ウィンドウ全盛時代にあって、いまだにマックを愛し、追い続けている人々がいるのです。


『マッキントッシュ物語★』も執念の復刊でした。

　復刊に時間がかかってしまったのは、海外版権の取得に時間がかかってしまったからです。

　海外の著作物を刊行するためには、版権エージェントを通して出版の契約をする必要があります。しかし、今回のお相手は、日本の出版社とは直接の契約しか結ばないというポリシーを持つところでしたので、さぁ大変。

　英語で契約したり、交渉したりするだけの語学力のない当方にとって、自動翻訳ソフトを使ったり、

★デファイング・グラビティ～Newtonテクノロジーの誕生
Apple社が送り出す「Macintosh」に続くテクノロジー「Newton」。

　この本は、「Newton」誕生の軌跡を描いたインサイドストーリー。開発ストーリーにつきものの企業側の検閲やご都合主義はない。Newton誕生のプロセスが記録された真実の物語。

★マッキントッシュ物語
「パーソナルコンピュータの歴史に、大きな足跡を残すことになるマッキントッシュの、開発から成功に至るまでの貴重な記録です。マックユーザーに限らず、すべての技術者必読の一冊でしょう。(2001.04.25 りゅう)」

英語に堪能な方々の手を煩わせたりして、四苦八苦の復刊交渉となりました。しかし、こうなったら意地です。「ここまで苦労したのだから、何とかして復刊に漕ぎ着けたい」と執念を燃やしました。

Delphiオブジェクト指向プログラミング★

この本は、マイクロソフト系のコンピュータ言語の対極にある、ボーランド社の開発したpascal系の言語「Delphi」の利用者に向けた応用編の解説書です。

245票を集めた本書は、あっという間に限定部数を売り切りました。

置き去りにされた開発言語や環境は、自生した植物群落のように、自らの力でコミュニティを生きながらえていたのです。

ビジュアルな書籍…一夜にして500人が投票した本

少女アリス…始まって以来の大記録★

ルイス・キャロルの誰もが知っている不朽の名作『不思議の国のアリス』を、写真と詩で表現した本書は、耽美と幻想の秘密の花園です。

写真家である沢渡朔氏が、アリスの物語の舞台であるイギリスで撮影されたも

★Delphiオブジェクト指向プログラミング

塚越一雄著。技術評論社。

「先輩にかなりいい本だと紹介された。いたるところですごくよいという評判をよく聞く。会社でDelphiによるオブジェクト指向プログラミングを習得する必要に迫られているが、現在出版されている書籍では納得いくものがない。(2001.10.19 cryhrt)」

のです。本書は少女写真を内容に含むため、われわれも復刊できないのではと心配しておりましたが、「この本は芸術だ」という信念のもとに、河出書房新社は「二千部の予約があれば復刊します」と宣言されました。

瀧口修造氏と谷川俊太郎氏が詩を添えた、この優美な世界が芸術でなくて何でありましょう。

「少女アリス」はそれまでに500票近い復刊投票を集めていたのですが、仮予約がスタートすると、なんと**一夜にして五〇〇人以上もの予約**を集めました。これは復刊ドットコム始まって以来の新記録です。

『寄席文字字典』★という珍書奇書

誰もがどこかで見た記憶がある、個性ある寄席特有のフォントが、手取り足取り、懇切丁寧にレクチャーされています。

★少女アリス

この本の復刊もまた、投票の熱意が、オールカラーでの印刷製本、そして少女を被写体として扱った写真集であるという壁を越えました。高い芸術性を示す著作物が、経済性、政治性など、さまざまな理由で、読者との交流を阻害されていた状況を、ネットに集まるパワーが崩してくれたのです。このときの復刊は、大げさですが、ベルリンの壁が一夜にして崩壊したときのように思えました。

★寄席文字字典

グラフィック社。寄席愛好家はもちろん、レタリング用の教本としても、質・量ともに充分楽しめる内容。ちまたでは「寄席文字教室」などという公開講座が開かれていることも、この本の復刊を契機に知りました。

寄席の会場や舞台などで使われる独特の縁起文字「寄席文字」。

橘家元、故橘右近による、寄席文字の字典です。その力強く、安定感に富み、勢いのある独特の字体は大変美しいものです。

俳優やアイドルの写真集

ミュージシャン系書籍はともかく、俳優やアイドル写真集の復刊は、まず無理だと思っていました。その多くが、俳優さんの若い頃、無名時代の姿を写したものだったりして、おそらくは「イメージが崩れる」などの理由で、所属事務所から門前払いというケースばかりでした。ところが学研が、そんな先入観を崩してくださいました。そう『**カレ、ツマブキサトシ妻夫木聡photobook**★』の復刊です。

レスリー・チャンのすべて★

映画系にはめっぽう強い、産業編集センター出版部から復刊された本書は、日本国内のみならず、海外からも受注が相次いだ復刊でした。二〇〇二年四月一日に自らの命を絶った香港を代表する俳優であったレスリー・チャンの写真集です。

レスリー・チャンの出身地である香港はもちろん、韓国、台湾、果てはアジア

★カレ、ツマブキサトシ妻夫木聡photobook
今や、押しも押されもせぬ国民的人気者となった妻夫木聡。本書は俳優、妻夫木聡として初めてのフォトブックです。彼女から見た彼というユニークな視点で編集されています。二二二一名の女性投票者の皆さんは、CDサイズの美しい本に閉じ込められた、食べちゃいたいくらい、とても初々しい、妻夫木を思いっきり、堪能してくださったことでしょう。

★レスリー・チャンのすべて
本人の全面的な協力のもと、撮り下ろし写真などを満載し、生い立ち・プライベートの話や、友人や共演者

系移民の多いアメリカ、カナダからも受注が集まりました。高額ながらも、歴代第8位の受注実績をつくり、**ネット通販で最も理想的な結果**を得たと思います。

「球体関節人形」という名の畸形美

押井守監督作品『イノセンス』の公開で、再び熱い注目を浴びることになったシュールレアリスト、ハンス・ベルメールは、日本の球体関節人形の歴史的原点です。

球体関節人形は、ここから始まったといって過言ではありません。フランスの地から送られた、その異形の人形たちが発する過激な体温は、多くの日本のアーティストに激しい化学反応を起こしました。

ねじれた首、いや首さえない胴体、その豊満さと腰の官能的なクビレ。のちに天野可淡、恋月姫などによる数々のすばらしい球体関節人形が、わが国に生まれたのは、ハンス・ベルメールのお陰です。その下地から日本ならではの繊細な美が、大きく発展いたしました。伝説の人形たちの匠、ハンス・ベルメールの人形作品を集成した『**ハンス・ベルメール写真集**』が完全復刻されたことは、ファンの方々にとっては狂喜の限りであったでしょう。

が語るレスリーの素顔など、あらゆる角度から「人間レスリー・チャン」の魅力に迫った内容。

★ハンス・ベルメール写真集
押井守監督が、本書の推薦の辞でいわく「肉体の幾何学」。最高の賛辞であります。

夭折の天才、天野《あまの》可淡《かたん》の人形写真集群★

今でも膨大な復刊投票が寄せられています。一度彼女の作品を見た者は、虜になってしまうのです。世界的な女優デミ・ムーアが魅せられたというのもわかります。私が復刊したいと、最も強く願っている案件です。

★天野可淡の人形の魅力
渋谷に「**マリアの心臓**」という、ちょっとドキッとするネーミングのお店があります。片岡佐吉氏の人形コレクションを中心に展示が構成され、ビルの地下にエレベータで入れば、そこは異世界の空間です。ここでもやはり、天野可淡の人形作品は、多くの作家の作品のなかでも群を抜いた気品と迫力です。この日は、私の大好きな「妖精」と題された羽翅を持ち、無毛の蒼い瞳を持つ悪魔チックな少年像もありました。雛人形の久月の宣伝文句ではありませんが「人形は目が命」（本当は「顔が命」ですが）。そのアンニュイな瞳には吸い込まれてしまいそうです。

3 子ども時代の夢を果たす「復刻ブーム」

復刊ドットコムに特徴的なのは「コロコロコミック」「コミックボンボン」や「ぴょんぴょん」など低年齢層向きのコミック誌掲載作品が、復刊投票の中心となっていることです。

単行本の刊行当時、小学生だった読者の方々が、当時はまだお小遣いをやりくりしても**涙を飲んで買えなかった**のだけれど、大人になった今なら購入できるというのは、復刊ドットコムにもっともスタンダードな光景です。

果たせなかった子ども時代の夢。

この実現を支援できる復刊ドットコムは幸せな仕事です。

そして幼児向けコミックの復刊投票が多いことは、復刊ドットコムに来られる投票者の皆さんとは逆の一般的傾向として、大人になってまで低年齢層向けのコミックを今さら読むことはないだろうという、出版社のマーケティング的な判断で重版されない状況となっているのでしょう。

世間一般のマーケティングと逆行した復刊ドットコムの世界は、世間常識に棹して進む、**ニッチの王道**なのです。

「掘り出し物・レア物コーナー」…高客単価と大人買い

「大人買い★」は復刊ドットコムでも多々見られます。

もともとは復刊ドットコムは客単価の高いインターネットショッピングサイトです。最近は藤子不二雄Ⓐランドなど、一般的な単価の商品も増え、下がってしまいましたが、当初は**客単価五千円**を超えていました。

復刊は小部数で行うため、そもそも単価があまり安くはつけられないということもありますが、もともとが「なかった」商品です。オークションと同じで「いくら出しても手に入れたい」という方が多いのです。

そういう復刊ドットコムのユーザーには、やはり「大人買い」は、ピッタリはまる購買行為のようです。

昨今の「復刻ブーム」の影響もあって、いろいろな商品を「これ売ってみない?」とご紹介いただくのですが、「はたして復刊会員で買う人がいるのだろうか?」と半信半疑でした。

しかし、海洋堂のシリーズなどは、われわれの予想をうれしく裏切って好評です。試みに「**ワールドタンクミュージアム四四〇個まとめ買いセット**」と「**松本人志世界の珍獣第一弾全種類制覇セット**」の予約受付をしましたが、残念ながらす

★大人買い
財力のある大人が、子ども時代に買えなかった子ども向け商品を、思う存分、大量購入すること。

★ワールドタンクミュージアム四四〇個まとめ買いセット
1BOXに四〇個(×二五〇円)同梱。本体1万円+税。

★松本人志世界の珍獣第一弾全種類制覇セット
1BOXに一二個(×二五〇円)同梱。本体三千円+税。

ぐにソールドアウト。

子どもの頃の夢を大人になって果たす。これはプリミティブな行動欲求なのでしょう。

こういう行動様式をショッピングコーナーで実現したのが「掘り出し物・レア物コーナー」です。キャラクターボックス商品を中心に据えた、通販に最も適した買い物パターンです。

企画の勝利

三原順秘蔵作品集『LOST AND FOUND★』は復刊書籍ではないため、過去の販売ランキングに顔を出していません。

しかし、その販売実績は半端ではありませんでした。主婦と生活社の殿塚編集長の、永年の三原順氏とのおつきあいあっての書籍企画です。

一万三千円もの価格にもかかわらず、注文殺到のうれしい悲鳴でした。

ジェネオン・エンターテイメントの美女企画シリーズでも感じたことですが、真にすばらしい商品企画には、人はお金を惜しまないということを実感しました。

★LOST AND FOUND
三原順の小説、遺稿、当初構想の解説、単行本未収録ページ、秘蔵メモ、製作ノート、掲載誌表紙、初期未作品化プロット、三原マンガ背景の描き方教室など、これなら買わずにはいられない企画です。

4 『中庭同盟』

残念

小野不由美

(サークル名)猫猫組

1421票

小野不由美さんが書いた同人誌。書かれていた内容は、あの悪霊シリーズの番外編! ナルやジーンの生い立ち、あのぼーさんの私生活秘話、綾子やジョン、安原さんたちの居酒屋風景・・・。小野ファンには垂涎物の、まさに幻の逸品!

5 『鋼の錬金術師 第6巻』(初回限定特装版)

残念

荒川弘

スクウェア・エニックス

1103票

写真は特装版に付いてくる「焔の錬金術師」。これは、人気キャラクターのロイ・マスタング大佐の一日を部下たちが描いた番外編。アニメ版を見て漫画版にも興味を持ったファンが激増したため、部数が追いつかず品薄状態に。

6 『マザー百科』

決定

糸井重里監修

小学館

977票

大ヒットしたファミコンゲーム「MOTHER」の攻略本として発売。その内容は攻略方法にとどまらず、泉麻人、高橋源一郎、鈴木慶一などの豪華執筆、吉田戦車の漫画も掲載されている。2003年、糸井重里の書下ろしが4ページ加わり復刊された。

7 藤子・F・不二雄ランド(全152巻)

こう着

藤子不二雄

中央公論社(ブッキング)

958票

藤子不二雄ランドのうち藤子不二雄Ⓐ作品は復刊できたが、藤子・F・不二雄作品(ドラえもん、パーマン、エスパー魔美、オバQ、ジャングル黒べえなど)が復刊されていないことで生まれた投票。F作品の復刊を望む声の高さを示す意味もアリ。

8 『ガイア・ギア全5巻』

残念

富野由悠季

角川書店

949票

「機動戦士ガンダム」の総監督・富野由悠季による長編小説。同作に登場するシャア・アズナブルの記憶を受け継いだクローン、アフランシ・シャアを主人公に、ガンダムシリーズのパラレルワールドを描いた作品。全5巻。

9 『ロマンシングサガ3 練磨の書』

交渉中

ファミ通編集部/責任編集

アスキー

846票

スクウェア「ロマンシングサガ3」の攻略本。しかし、ゲームの攻略本にはおさまらない、資料設定や楽譜などのさまざまな内容を網羅し、オークションなどでもプレミアムがついている。

10 『八月の砲声』

決定

バーバラ・W・タックマン

筑摩書房

734票

現代史の幕開けを告げる第一次大戦はその未曾有の破壊力でヨーロッパの没落を決定づけた世界史的事件であった。それがいかにして起ったかを伝えるドキュメント。

復刊ドットコム 人気投票ランキング

復刊会員22万人が選んできた「これが、読みたい本だ!」
出版界も忘れた知られざる名著をご紹介します。

1

こう着

『ささやかな俺の愛』
『花のいたづら』
『ルナティック番外編
～届け愛のエアメール』
『ルナティック番外編
～お嬢様の
パーティー教室』

岡田あーみん
集英社
3136票

天才ギャグマンガ家と評される岡田あーみん。現在、作者の新刊が出ないため、過去『りぼんオリジナル』『りぼんティーンズ』などで発表され、その後コミックスで手に入れることのできない作品に人気が集まっている。
『ルナティック雑技団』は、コミックスで全3巻出ているが、2点の番外編は未収録。

2

交渉中

ブラックジャック
単行本未収録の
「快楽の座」
「金、金、金」「壁」
「訪れた思い出」
「不死鳥」「落下物」
「植物人間」

手塚治虫
秋田書店
1867票

「少年チャンピオン」連載の手塚漫画の代表作。これらの短編は雑誌で掲載されたきり単行本に収録されてない。一部は少し前に「リミテッドボックス」という豪華版で、ビデオなどの特典とともに販売されていたがそれもほぼ入手不可能。
「植物人間」は新書版の4巻に当初収録されていたものの表現上の問題で別の話に差し替えられてた。この「初期の4巻」も入手困難。

3

決定

藤子不二雄ランド
(第一期全301巻)

藤子不二雄
(藤子不二雄Ⓐ、
藤子・F・不二雄)
中央公論社
1446票

1984年、鳴り物入りで登場した藤子不二雄全集。第一期・全301巻を出版し、多くの絶版タイトル、初の単行本タイトル、単行本収録漏れのエピソードを収録し、古本等で高価な額と引き換えに読むしかなかった作品群が廉価で読めるようになるという素晴らしい機会となった。

1 『ささやかな俺の愛』『花のいたづら』『ルナティック番外編』
岡田あーみん

▶今の私はあーみん様あっての私だからデス!! 小学生時代、愛読させていただいておりました。辛いとき、何度も助けられました。すでに、先生は引退なされているということで、新しい作品は二度と作られることはありません…。未収録作品をぜひ、単行本化してほしいです!!
(2002.02.13 hina)
▶自分のお笑いのセンスはこの人のマンガで構成されたようなモノです。今でも手元に置いてときどき読んでます。この人のギャグセンスは忘れようとしても忘れられません。未公開作品の復活を強く希望する次第です。「ささやかな俺の愛」をもう一度読んでみたい!(2000.11.26 ashen)

2 ブラックジャック未収録「快楽の座」「金、金、金」「壁」「訪れた思い出」「不死鳥」「落下物」「植物人間」
手塚治虫

▶内容の是非を問う前に、オークションで数万円の取引がなされる状況の方が問題に感じます。ヤバイものは封印するのではなく、しっかりと作品は残し、解説などつけて、皆がその話を考えることが必要な気がします
(2005.05.13 koriten)
▶初めてブラックジャックを読んだときに、自分のなかの人生観が変わっていくのがわかりました。叶うならば、ぜひ、手塚先生が描かれたブラックジャックの作品すべてを読みたいのです。復刊を強く希望いたします
(2003.01.09 よいこ)

3 藤子不二雄ランド（第一期全301巻）

▶藤子マンガは貴重な文化遺産です。自分はもちろん、これから先生の作品に出会える人のためにも、誰もが気軽に親しめる環境をぜひ作っていただきたいです
(2003.05.03 hin_mayama)

4 『中庭同盟』
小野不由美

▶悪霊シリーズが好きです。小野先生の描くキャラが好きです。独特の考え方が好きです。絶版となって、どこを探しても見つからず、オークションでは手の届かない値段が付けられているので、復刊して欲しいです(2000.07.30 サチ)
▶小野不由美作品に、すっかりはまっているので。『悪霊がいっぱい!』のエピソードなんて絶対読みたい!!
(2003.09.13 nanamy)

5 『鋼の錬金術師 第6巻』（初回限定特装版）
荒川弘

▶初回があると知ったときにはすでに予約締め切りは終わっていて、すごく悔しい思いをしました!! 絶対欲しい!! (2004.02.09 かがり)

6 『マザー百科』
糸井重里監修

▶なつかしい。当時としてはとても画期的な攻略本でしたね。ゲーム世界とリンクした内容、装丁、それもそのはずのエイプ全監修!! その後マリオなど任天堂ソフトの公式ガイドブックはこういう形式がアタリマエになったけど、とっても画期的だった。なんで買っておかなかったんだろう……(2002.02.04 おおぐれいと)

7 藤子・F・不二雄ランド（全152巻）

▶今では、古本が手の出ないくらい高騰してしまい、読みたくても読めないのは本当に悲しい! まだ見ぬ藤本ワールドをぜひ読んでみたいです(2004.02.02 ブロウ)

8 『ガイア・ギア全5巻』
富野由悠季

▶俗にいう「ファースト・ガンダム」ワールドの、その後を描いている数少ない秀作だと『ガンダム・アナザーワールド」が大好きな私は、思います。ぜひ、ご再考お願いいたします
(2004.10.06 ジャック・バウアー)
▶廃刊前は、まさかガンダムのシリーズだとは思ってもみなかったので
(2000.06.12 Toyo)

9 『ロマンシングサガ3 練磨の書』
ファミ通編集部／責任編集

▶膨大なデーターと設定資料を惜しみなく公開しているほか、ゲームの裏話など、ファンにとってはうれしすぎる攻略本です。
ただ、今となってはとても入手困難なため欲しくても手に入らない状況なので復刊を強く希望します
(2002.03.22 シンジ)

10 『八月の砲声』
バーバラ・W・タックマン

▶ほぼ日刊イトイ新聞に掲載中の鳥越さんの推薦によりとても興味を持ち読んでみたくなりました。
(2001.12.10 sachiko)

順位	状況	書名・著者・出版社	票数	内容
11	決定	『Cocco Forget it, let it go』 SWITCH スイッチ・パブリッシング	681票	1996年から2001年まで、SWITCHが辿るCoccoの全軌跡。突然、活動休止したCoccoのことをもっと知りたいというファンの願いが通じ、2002年に復刊。
12	こう篇	『ベルサイユのばら大百科』 池田理代子監修 実業之日本社	676票	原作から宝塚、アニメ、実写まで、さまざまな作品がある「ベルサイユのばら」のいろいろな設定がわかる本。「こどもポケット百科」のシリーズの一冊。
13	残念	『T・Pぼん 未収録分』 藤子F不二雄 潮出版社 コミックトム雑誌掲載分	660票	「T・Pぼん」全5巻(潮出版)に掲載されていない下記の5話のリクエスト。 1.古代の大病院 2.神の怒り 3.ローマの軍道 4.王妃ネフェルティティ 5.ひすい珠の謎。
14	決定	『ちびくろ・さんぼ』 ヘレン・バンナーマン 岩波書店	660票	1953年に発売され、1988年に絶版になるまで、日本中の子どもたちに親しまれていた絵本。とらとバターの話が有名。
15	交渉中	『カウボーイビバップ バンドスコア 3, 2, 1 Let's Jam』 ムービック	620票	アニメ「カウボーイビバップ」に使用された菅野よう子率いる「SEATBELTS」のバンドスコア。
16	残念	『オバケのQ太郎 全12巻 』 藤子不二雄 虫プロ	734票	単行本は 虫プロ、てんとう虫、藤子不二雄ランド、新装版のてんとう虫コミックとたくさんあるが、すべて絶版。
17	交渉中	『Katan doll Retrospective』 天野可淡 トレヴィル	611票	天野可淡3冊目の作品集。人形の写真だけでなく、絵画や短編小説も収録。大塚英志、川西蘭、萩尾望都、高山宏らの寄稿もある。集大成といっていい作品。
18	こう篇	『ドラえもん単行本未収録作品集』 藤子・F・不二雄 小学館	578票	世界的な人気漫画「ドラえもん」には単行本未収録のエピソードがまだまだ数多く存在している。単行本に収録されそうにないエピソードへの出版リクエスト。
19	残念	『麒麟都市3』 小野不由美 (サークル)麒麟都市	559票	小野不由美オンリーイベント「麒麟都市」の3回目を記念して発行された同人誌。小野不由美さんの書いた十二国記外伝「帰山」を収録。入手不可能な逸品。
20	決定	『MOTHERオリジナル・サウンド・トラック』 Sony Music Records	535票	メロディがたいへん重要なウェイトを占めるMOTHERのサントラ。 「MOTHER1+2」の発売を受けて、2003年に再発された。

3 復刊にまつわるエピソード

この章では、これまでの復刊交渉にまつわるさまざまなエピソードを紹介しましょう。

復刊交渉では、成功の美酒に酔いしれることも、失敗に終わってブルーな気持ちに陥ることもあります。

しかし、今でも心に強く残る記憶は、なぜか「残念」に終わった交渉です（大量の読者からの投票がありながら、「残念」に終わった書籍のリストは180ページ）。

添い遂げられなかった恋が、際限のない未練を生むのでしょうか。

1 岡田あーみんはなぜ復刊できないのか？

復刊ドットコムでは、投票が100票を超えた時点で、いったん出版社さんを訪問します。そこで復刊していただけるよう交渉するのですが、答えがNOなら、著者に会いに行き、自分たちで復刊できないか、つまりブッキングでの発売を検討してもらいます。

この**出版社が復刊をしない**と意思表示した本については、じつに多くの紛争を抱えています。

復刊が難しい本の事情は、さまざまです。

名著なのですが、差別用語が多く出てくる作品だったり、またある作品では、著者がお亡くなりになって、その著作権継承者の行方がわからなかったり……。

写真集では、ご本人や一緒に被写体となっている方が復刊を拒否されていることもあります。

また外国の作品は、発行出版社の版権エージェント経由での出版契約がすでに失効しており、復刊にも現地の交渉から始めなければいけないなどの事情で、これまた難物です。

絶版本が抱える紛争の数々

トラブル深刻度数の高い案件事例では、少女たちの永遠のバイブルであるコミック『**キャンディ・キャンディ**』、碧の眼を持つ美しい女主人公のフランスの大河歴史小説『**アンジェリク**』などが、その公式サイトなどで**問題の所在**★を明らかにしています。

いずれも著作権絡みのトラブルで、大きな裁判に発展しています。

しかし、だからこそ、復刊を願う方々にとって、われわれは「最後の砦」なのだなという責任感もヒシヒシと感じます。だから**逃げてはいけない**のだなと、顧問弁護士のもとに相談しに足繁く通っています。

これらの案件はもつれた糸です。

ですから、積年の座礁は、そう簡単には解決しません。しかし、年月の積み重ねが雪を溶かすこともあれば、思わぬ援軍が道を切り開くこともあります。

われわれもそう簡単には諦めません。

あらゆる手を使って、それでもダメなら、皆さんに白旗を上げます。

★問題の所在
「キャンディ・キャンディ」(水木杏子原作、いがらしゆみこマンガ。『なかよし』に、75年より連載)の場合、原作者とマンガ家がキャラクター商品販売における著作権使用をめぐる訴訟を起こしています。
「アンジェリク」は、海外での著作権を著者と版権エージェントが裁判で係争中(2005.6現在)。

前述のように、復刊にはさまざまな壁が立ちはだかっています。「遅い！」と思われるかもしれませんが、読者の皆さんには、「じっくり腰を据えて、お待ちください」としか申し上げられません。

そうはいっても「待てば海路の日和あり」では何も進展しません。

原本を提供していただいたり、著者に関する情報をご提供いただいたりすれば、一歩でもゴールに近づける可能性もあるのです。

また、これまでにもそういう事例も数多く存在します。

「**求めよ、されば与えられん**」です。

カミ（紙の本！）は、自ら助く者を、助けます。

出版社交渉情報すらも公開できない事情

交渉情報のすべてを話せない場合もあります。

出版社の方々には、交渉内容どころか、交渉したことさえ公表したがらない場合もあるのです。それは作品の出版権が今どういう状態にあるかを、その出版社が知られたくないと思っているケースです。

出版社にとって、出版権のステータスというのは**企業秘密**なのです。

復刊できない事情があるのに、また復刊を検討しているという情報が公になれば、復刊を望む人々、望まない人に断りや謝罪をせねばならなりません。

人にはさまざまな事情があります。その傷口をこじ開けてまでの公表はできません。だからといって、すぐに復刊を諦めるということではないのが、復刊ドットコムのしつこいところですが。

岡田あーみん

復刊ドットコムの投票ナンバー1は、「りぼん」で不条理ギャグマンガを連載されていた岡田あーみん先生の作品です。

なんと二〇〇五年三月現在で、3081票もの投票を集めています。

岡田あーみん作品は、今でも『**お父さんは心配症**』『**こいつら100%伝説**』『**ルナティック雑技団**』などの代表作が単行本で入手可能です。★

復刊ドットコムで投票されている作品は、『**ささやかな俺の愛**』『**花のいたづら**』『**ルナティック番外編～届け愛のエアメール～**』『**ルナティック番外編～お嬢様のパーティー教室～**』の四編です。いずれも単行本に収録されていない作品群です。

本書の復刊交渉は、担当の竹林が何度も集英社に足を運びました。

しかし、はかばかしい回答は得られませんでした。

著者と連絡がつかない、著者ご自身が復刊に前向きでないなど、あまり確実で

★岡田あーみんの単行本
現在、「りぼんマスコットコミックス」や「集英社文庫 コミック版」から、以下、三作品が刊行されています。

ない情報が断片的には入ってきました。

しかし、われわれとしては著者ご本人から、お断りの返事をいただいたわけではありませんので、交渉ステータスを「膠着」にしておきました。

掲示板にも、「あーみん様は連載当時に、その作風から『変態マンガ家』と揶揄されて、作家活動に嫌気がさしてしまったのですよ」などという事情通の方からの見解が寄せられてもいましたが、われわれも真偽のほどは知りません。

復刊ドットコム開設以来、五年を迎えようとしていますが、遅々として進まぬ交渉を嘆く投票者から「あーみん様」を懐かしむ掲示板の書き込みがあとを絶ちません(掲示板の一部を抜粋して１６４ページに再録しました)。

交渉期間中、大量投票に目をつけて「うちと一緒に出版しましょう」とのオファーを何社もの出版社さんからいただきました。しかし、著作権者と連絡がつかない書籍は刊行できません。

いまだ真実は闇の中、著者ご本人だけがご存知です。

藤子・F・不二雄ランド

復刊会員のやなぴょんさんから、以下のリクエストが来たのは、二〇〇二年七月三日のことです。

No.24179　Re: あーみん様の現状
匿名　02/08/09 18:15:33
私もそのHPのコメントは知っていますが、やっぱりどうなのかなぁと。
伝聞という形ですし信じるか信じないかは読み手に任せるというようなことも書いてあったと記憶してますが。
あーみんファンならこのコメントを知っている人は多いと思いますが、真偽がわからないからこそみんな投票したりするということもありますし。

No.15542　Re: 気になる噂
匿名　02/03/07　04:43:28
はじめまして。アキキと言います。

その「噂」と「自身の考え」が一致するなら、とても不安になりますね。

そんな不安は僕も持ちました。

同じ「噂」を僕も目にしてからでした。

先日、「りぼん」の連載でしか読んでいなかった『ルナティック雑技団』の単行本を買って読みました。

読み終わって、思う。

あーみん先生は『やりたいことをやり通した』と僕は感じます。

苦しみに囲まれながらだとは思いますが…。

『ルナティック雑技団』の最終話『さよなら天湖家』の後半、星野夢実の心の描写はギャグでもヘンタイでもないものに感じるのです。

ロマンティックな恋愛少女マンガであったと思うのです。

最後の方の作品を読んで、何か、安堵感を感じます。

悪い言い方に聞こえるかもしれないけれども、あーみん先生が完結しているのだと思う……。


ファンが「新作はまだか？」と催促しているわけではないのだし、「続編を描いて」と言っているわけでもないし、、、ねぇ。

悠長な面持ちで復刊をせつに願っているのは僕だけかなぁ？


No.14709　噂について…

匿名　02/02/12 02:40:13
とあるあーみん様のファンサイトに雑誌の編集者と思われる方がメールしていて、それが公開されていたのですが、こんな内容でした。

あーみん様の特集をやりたくてりぼん編集部の方にあーみん様に連絡をとっていただいたときに、あーみん様が、「異質・変態と作品が言われていたのが嫌だった」「連載自体が苦痛だった」とおっしゃっていて特集もありがたいが、やめてほしいということでした。

……ショックな話ですが、たぶん本当なんじゃないかと……

でも、今もあーみん様のマンガが大好きで、あーみん様のマンガの復刻を強く願っている熱心なファンが大勢いることを知ってていただいて、なんとか復刻してもらいたいです

No.14169　あーみんと仲がよかった漫画家に居場所を聞く。

匿名　02/01/29　22:58:10
著者との連絡がつかないと交渉状況に書いてありましたが、岡田あーみんさんと当時仲のよかった漫画家さんがおられると思います。

さくらももこさんだったと思うんですが、（実際「お父さんは心配性」にさくらももこさんとの合作マンガがあった）さくらももこさんは今でもあーみんさんと連絡を取っていないんでしょうか？

集英社編集部からさくらももこさんに聞いてみて岡田あーみんさんの居場所を教えていただくという方法はどうなんでしょうかね？

No.12289　気になる噂
匿名　01/11/22　23:13:19
復刊に関して、非常に気になることがあります。岡田あーみん先生が筆を折った理由が、「ヘンタイ漫画家」と呼ばれるのが苦痛だったから、という噂です。

本当はこういう漫画を書きたかったわけではないのに、読者や編集からの支持（あるいは圧力）でやめることも許されず、ますます「ヘンタイ漫画家」と呼ばれる。

それが嫌で漫画界から消えた。

本人は当時のことを思い出したくもない、触れられたくもない。

といった感じのものでした。

取り越し苦労であればよいのですが、もし噂が本当だとすれば、復刊の見込みは……

No.10350　あーみん様！出てきて～!!
匿名　01/09/15 01:35:06
あーみん様
もう世紀末はとっくに過ぎちゃいましたよ～。
早く私達の元に現れてくださいまし（涙）
この輝かしい新世紀にふさわしいあーみん様の本をぜひぜひ!!!
ちなみにあの頃小学生だったおいらは、もう一児の母に……。
もちろん、マンガはありますよ…ふふふ。
そういえば、復刊ドットコム様が作者連絡先をと動き出してらっしゃいますね！（ありがたや…ありがたや…）
どうか、あーみん様を説得よろしくお願いいたします。

No.3910　Re: 今会員登録中です
匿名　00/11/08　09:32:43
登録完了次第、1票投じます！
単行本に収録されていない作品がこんなにあったなんて知らなかった
絶対に読みたい！
こんなにあーみんのこと待っているファンがいることをあーみん本人にも知らせてあげたいよぉ

＊2002年以前の掲示板は、会員登録がなくとも書き込みができたため、本書掲載のご連絡ができませんでした。よって、匿名にて掲載させていただいております。

再録 あーみん掲示板

http://www.fukkan.com/bbs.php3?act=topic&t_no=644
より抜粋しました。

No.69425　沖縄県民の誇り!!

ユウキ。　05/01/30 16:02:49
はじめまして、某同盟を発見しそちらでこのサイトのことを知りました！

一昨年から書店で働きはじめて…出版社発行のコミック注文書を見たら、な、懐かしいお名前が！　十数年ぶりのあーみん様との再会でありました。

早速発注しました、個人用に。笑。読んでみると、あの頃とは違う面白さがあるんですねー。すばらしい。本当にすばらしいセンス。今度は書店用に発注します。

それにしてもすごい！　すごいですね、この票数！　ぶっちぎりじゃないですか！　沖縄県民としてあーみん様を心の底から誇りに思います。先日、妹の友人があーみん様の従兄弟ということが発覚し、まだ健在でいらっしゃると知ったときのあの歓喜、復刊でまた味わいたいです。前述の注文書によると、既刊の三つも順調に重版を繰り返しているようですし…なんとか、いつか皆さまの願いが叶いますように！

No.69317　はじめまして
きゃら　05/01/26　19:20:08
狂おしいほど復刊を熱望するものの、あーみん様に無理はしてほしくない。本当にどうしようもない問題なんですよね。
たとえ『こう着』とだけ書かれるにしても現在の交渉情報を知りたいです。
日々少しずつ増えていく票に愛おしさを感じてしまいます（笑）

No.62069　復刊できるといいな
坂口　04/06/18 23:11:04
アンケート回答しました。リクエストの本を所有しているかとの問いに、所有していないとしか答えられない自分がもどかしい。

原本持っていらっしゃる方っているんでしょうかね？

交渉やら事態がよい方向へ進んでいるといいんですが…。

落ち込んだとき、あーみんのマンガで何度救われたことか。

大げさでなく、あーみんマンガは私の精神安定剤です。大好きだ。

毎日のように届く、復刊の投票報告メールを見るたびに、アンニュイな溜め息を落としています…。

No.48617　Re: 担当さんは…
kyou　03/10/09 17:14:49
> こんばんは。昨日こいつらの３巻を読んでいたんですが、空きページに「こいつら～」の初期設定のことが書いてありますよね。
> そこで当時の担当さんがすごい忍者にこだわっていたことが書いてあります。
>（時代背景やタイトルまで…）
ほんとは現代風の学園モノにする予定だった…ということも書かれてありましたね。直接の原因かはわかりませんが、この（担当さんが設定を強引に押し付けた）ことが、あーみん様がマンガ家をやめた１つの理由という噂があります。※あくまで噂です。
> あまりにも無謀かもしれないですが、当時のあーみんの担当さんにお力は借りれないのでしょうか。
↑に書いたことが本当ならかなり無謀かも。あーみん様は結構、繊細な神経の持ち主だと私は勝手に思っております。

私もあーみん様が描くマンガは大好きです。ぜひとも復帰して欲しいとも思っていましたが、知り合いから以上のようなことを聞いてとても複雑な想いをしています。


No.38070　とうとう2000票！

ワカナ　03/06/01 11:29:44
皆さま、とうとう2000票です。

お宅に現在購入可能なコミックスのご用意はありますか？　お持ちのホームページにこちらへのリンクは貼りましたか？

できることはぜんぶやり、あとはあーみんが皆さまの存在を知るだけという状態にしておきたいものです。

あーみん先生、いや元あーみんさん、頼む―未収録作品だけでも読まして！

わたしらファンの心はバミューダ海域で祈りまくりやっちゅうねん!!

No.27697
あ～みん先生大好きです!!!
匿名　02/10/21 17:30:37
あ～みん先生が引退していたなんて知りませんでした。理由（本当かはわからないらしいですが）を知って、ショックでした。あ～みん先生はギャグの王者です。異質とか変態とか誰が言ったか知らないけど、天才というものは始めは誰もが非難されるものなのです。それどころか、あ～みん先生をこんなに多くの人が待っています、応援しています。ここに書き込みしてる人たち以外にも、もっと多くのファンがいることは確実です。このことをあ～みん先生は知らないんじゃないでしょうか。小学生の頃からあ～みんマンガ好きで20になった今でも繰り返し読んでいる私としては納得できません…。
あ～みん作品は秀逸です。貴重な笑いです。

No.27046　新聞にて…
匿名　02/10/08 14:19:58
私のとっている新聞に復刊ドットコムの方が寄稿していらっしゃったのですがそのなかで「熱心なファンの方と一緒に（復刊ドットコムの方が）作家さんを説得しにいった」みたいな文がありまして。
復刊ドットコムさんさえよければ私たちが沖縄へ飛ぶことも考えてみてはいかがでしょうか？

「皆さんご承知の通りの内容です。ドラえもん、パーマン、エスパー魔美といった、今でも読もうと思えば、何とか(ダイジェスト的にはなってしまいますが)新刊で読める作品から、オバQ、ジャングル黒べえのような、多くのファンが読みたいと熱望しているのに今となっては読めなくなってしまった(高くて手が出ない)作品まで網羅。今回のⒶランド復刊の偉業を高く評価するとともに、あらためてF作品の復刊を望む声の高さを示す意味であえて「藤子・F・不二雄ランド」という形でのリクエストをさせていただきます。」

この投票は1446票を集めている「藤子不二雄ランド」が、藤子不二雄Ⓐ先生の作品群だけ単独で復刊されたため、復刊されなかった作品を切望する声が生んだ投票です。

その後、熱烈なリクエストとメッセージ、そして945票(二〇〇五年現在)もの投票が寄せられました。

その後の交渉状況は以下の通りです。

▼2002/07/25 12:28:18　復刊交渉決定
交渉情報はもうしばらくお待ちください。

交渉スケジュールが決定次第ご連絡します。

▼2002/09/11 16:14:30
交渉情報追加(事情により交渉内容は公開できません。ご了承ください。)

▼2002/09/12 02:56:29　訪問
交渉情報追加(事情により交渉内容は公開できません。ご了承ください。)

▼2003/06/03 15:11:10　訪問
交渉情報追加
復刊ドットコムにご投票いただき、ありがとうございます。
皆さまにリクエストいただいた書籍は、残念ながら私たちの力がおよばず、当面の復刊が難しい状況となりました。私どもとしても、表から裏から、簡単には諦めずに手を尽くしましたが、どうしても出せぬ事情が存在し、その願いはかないませんでした。非常に無念です。いつの日か、この状況が変わらないとは限りませんので、投票はこのまま預からせていただきますが、当面は本報告やむなしという状況になりました。われわれの非力を、心よりお詫び申し上げます。今後とも、一層の精進を重ね、著者と読者が復刊という場で出会えるよう努力いたしますので、これまでに倍するご指導、ご鞭撻をお願い申し上げて、ご報告にかえさせていただきます。

この段階では、交渉代理人を務めてくださっていた嶋中書店の嶋中社長経由での交渉でした。

藤子作品に関係が深い小学館編集部や、中央公論社の支援も受けた上での交渉失敗でありました。

しかし、まだあきらめたわけではありません。独自の交渉ルートを探り直していました。交渉ステータスを「残念」から、再び「復刊交渉中」に切り替えての挑戦です。

▼2003/06/05 22:59:12　調査

交渉情報追加(事情により交渉内容は公開できません。ご了承ください。)

▼2004/09/27 16:29:02

交渉情報追加(事情により交渉内容は公開できません。ご了承ください。)

▼2004/10/04 22:26:08　電話
交渉情報追加（事情により交渉内容は公開できません。ご了承ください。）

そして、ついに、故藤子・F・不二雄先生の版権を管理されている藤子プロの非常に責任ある方と直接お話をさせていただきました。

電話する前はドキドキものでありました。そして、超キンチョウの末に、以下、先方のメッセージを受け取ったのです。

「このお話しについては、現在非常に多くの出版社さんからオファーはいただいています。しかしながら、現状では、どのような出版形態を取ってゆくか考え方が整理しきれません。電子出版などのオファーもあり、そういうことも含めて検討したいなと考えています。しかし、こういうことはじっくり腰をすえて考えてゆく必要があります。今はこういう課題を整理する時間も人材もいない。今はドラえもんで精一杯な状態なのです。この問題に向かい合ってゆくためには、**もう数年間が必要**です。投票者の皆さんについては、こういう支持をくださっているからこそ、自分たちの今が支えられていると感謝しています」とのご回答でした。

復刊許諾の回答はいただけませんでしたが、優しく丁寧に応答してくださいました。したがって、当面、本件は「膠着」となりました。

復刊ドットコムに残された大きな使命は「岡田あーみん」「藤子・F・不二雄ランド」であると認識していますので、私たちも、精一杯、諦めずに交渉してみましたが、力至らず、交渉結果は再び「残念」の赤ランプ表示となってしまいました。

いつの日か、皆さまが藤子・F・不二雄先生の秀作たちと再会できることを祈ります。

ブラックジャックの単行本未収録作品

秋田書店さんにおじゃましたときのお話です。復刊交渉アイテムのなかに「**ブラックジャック**★」の単行本未収録作品が数点あるのですが、その作品群に対して復刊投票が多く集まっていることから、マンガの神様にまつわるいろんな逸話を聞くことができました。すでに1833票も集まってしまった、復刊投票堂々第3位の「ブラックジャック単行本未収録」です。

投票には、「**快楽の座**」「**金、金、金**」「**壁**」「**訪れた思い出**」「**不死鳥**」「**落下物**」「**植物**

★ブラックジャック
法外な治療費を請求するが腕は超一流という無免許医・ブラックジャックを主人公にした読み切り連作。73年から「週刊少年チャンピオン」で連載開始。この作品を通して、医師免許を持つ作者が医療とは何か、人間の幸福とは何かを問い続けた傑作。

人間」の七作品が投じられています。

じつは「ブラックジャック」は単行本にして二三冊、文庫本にして一六冊が刊行されていますが、そのうち七作品だけが、手塚先生ご本人の判断で単行本に収録したくてもできなかったそうです。

一説によれば、差別表現を含んだ箇所があるという噂も聞きますが、これまた真相は闇の中です。しかしじつはこのなかにも、いくつかの作品が特殊な形で発売されたことがあります。「ブラックジャックBOX」として書籍以外の物と組み合わされて発売されたりする、一般の書籍発売とは異なったケースです。

「ブラックジャック」は秋田書店を代表するコミックで、各巻、初版数十万部、重版も毎月数万部の規模で出荷されているそうです。

高田馬場にある手塚プロ。今は神様ご他界の後、その経営の維持には、なみなみならぬご苦労があるようですが、何とか神様の偉業を後世に絶えることなく伝えていっていただきたいものです。

初期作品へのこだわり…著者の理由、読者の願望

復刊交渉が受け入れられない事情の一つに「**初期の作品は恥ずかしくて出せない**」という著者サイドの見解があります。

マンガの場合は、商業デビュー前の活動の場であった同人誌時代の作品などが、このケースに入ることが多いです。

和田慎二★先生、今市子★先生、いなだ詩穂★先生など、今をときめく人気マンガ家の作品で、入手不可能な作品があるのも、こういう事情です。

ガンダムフリークたちが身悶えして欲しがる『ガイア・ギア』も、原作者である富野由悠紀監督の許可が出ないことは、あちこちの雑誌記事などで頻出している話です。

しかし、こういう作品だからこそ、読者は手に入れたくてしかたがないのです。ファンとなった著者の原点に出会いたい。

今思い出しても「あぁ、もったいないなぁ」とため息を洩らしてしまいそうになります。

しかし一方で、数多くの復刊投票が寄せられている小野不由美★先生のなかでも、最多得票である1410票「中庭同盟」のように、当初は「残念」でしたが、その後、著者が同人誌時代の作品を加筆修正して、講談社文庫に収録された事例もレアなケースですが、あることはあります。

また、芸能関係者の写真集やエッセイにも、タレントのイメージが変わってし

★和田慎二
50年広島県生まれ。71年に「パパ」（「別冊マーガレット」）でデビュー。76年から連載された『スケバン刑事』はテレビドラマ化もされ、社会的ブームとなる。主な作品に「超少女明日香」シリーズ、『ピグマリオ』、『少女鮫』など。

★今市子
96ページ参照

★いなだ詩穂
94年、白泉社LaLa－DX『カムフラージュ』でデビュー。「幻影奇譚」で注目され、現在は講談社「KCなかよし」で小野不由美原作『ゴーストハント』を発表している。白泉社時代の作品にコミックス未収録作が多くリクエストが集まっている。また、香港マリィ名義で出した同人誌『悪霊天国』も人気。

★小野不由美
88年、講談社X文庫ティーンズハートから『バースデイ・イブは眠れな

まった今となっては、出しづらい事情があります。

俳優である渡部篤郎氏が、まだいまほど人気ではなかった時代に、洋服作りのムックにモデルとして登場していた『**渡部篤郎のニット、ラフに着る**』などを、読者の皆さんが欲しがる理由は、本当によくわかります。けれど、この復刊は難しいとおっしゃる事務所サイドの事情も、間に立ったわれわれとしては、やはりよくわかるのです。

そんななか、『SHOGO HAMADA 25HOURS A DAY』のように、たとえ「残念」であったとしても、浜田省吾氏（テレビに出られないことでも有名ですね）の事務所から、読者の皆さんに向けた、丁重なお断りの理由を述べたメール★をいただいたようなケースでは、救われたような気持ちがいたします。

復刊を断念するケース

佐々木丸美先生★

今でも慙愧の念に絶えません。

北海道の彼方に身を隠してしまった、復刊ドットコムにおいて百票以上を獲得する**投票点数ナンバー1**（合計18作品）の人気の高い作家、佐々木丸美先生を文壇

い』でデビュー。主に少女小説を中心に活躍。『悪霊』シリーズや、『十二国記』シリーズなどの作品が人気を博すと同時に、94年、『東京異聞』が第五回日本ファンタジーノベル大賞にノミネートされ、ミステリー作家としても高い評価を受ける。98年の『屍鬼』もベストセラーとなり、現在も人気作家として活躍。

★丁重なお断りメール
浜田省吾氏の事務所から以下のような丁寧な返事をいただきました。「たくさんの投票をいただいて光栄です。現在（二〇〇三年当時）、浜田本人は活動休止状態で、過去の作品も含めて、今後のリリースおよび作品発表に関しての考え方を整理しています。書籍の内容に問題があるわけではないのですが、すでに二〇年近く前の作品なので、発表作品全体のなかでの位置づけなど慎重に考えたいと思っております。浜田は作品数が多いタイプではなく、一つ一つを吟味して、しっかりと発信していこうと考えるアーティストですので、ご理解をいただければ幸いです」

に戻せなかったことが無念です。

私がこれまで担当した復刊交渉において、最も激烈な体験でありました。

映画化もされた『雪の断章』でデビューした佐々木先生は、その後も、数奇な運命に弄ばれるヒロインをミステリー仕立てで描き、民話に題材を取った悲恋を語り、数多くの作品で女性読者を魅了してきました。佐々木先生の作品の最大の魅力は、なんといっても、ヒロインたちの愛する心の強さです。読む者の心に強く訴える、ヒロインの真摯さは、読む人にも全力で作品に向かい合うことを求めます。

そして、そんな佐々木先生が、忽然と出版界から姿を消してしまったのです。私も、惚れました。何とかして、この魅力的な作品群を読者の手に返したいと強く希求しました。

実際に、毎週末には先生に**復刊を嘆願する書簡**を発信し、その回数は**三〇回**におよびました。著作物は法的には著作権者の物ではあるが、それをリリースした後は、道義的には**読者の物でもある**はずという思いを伝えました。

ついにはファンの方々と、雪の北海道に交渉に行きました。

佐々木先生のご自宅周辺では、3メートルはあろうかという見たこともない積雪でした。雪を転げながら、**よじ登っての説得**も、残念ながら復刊の願いは叶え

★佐々木丸美
49年生まれ、北海道出身。75年に、のちに斉藤由貴主演、相米慎二監督で映画化される「雪の断章」で、衝撃的デビュー。その作品の内容は、ミステリー、恋愛、心理学などを含み、いわゆる「小説」としてはおさまりきらず、ジャンル分けが難しいが、おもに「ミステリ」に分類される。今でこそ超心理学や精神医学、催眠術、暗示等のテーマが流行しているが、当時からそれらを扱っていた彼女の作品は、少し早すぎた感が否めない。しかし、ようやく時代が彼女に追いつきつつある昨今、当時からのファンや、雑誌、インターネットなどで彼女を知ったファンが集まりはじめ、現在ひそかなブームを呼んでいる。

られませんでした。

佐々木先生は、もう出版の世界とは接触を持ちたくないとの希望を述べられました。願いは必ずかなえられるわけではありません。われわれには、いつの日か佐々木先生のお心へ、雪解けが来ることを待つしかありません。


絶版は**経済的な事情**から発生するケースと、**トラブル系の理由**に起因するケースがあります。前者は出版社が抱える問題で、後者は著作権者から発生する理由です。本件は、まさに後者のケースでした。われわれもよほどのことがない限り、前者の理由では復刊を「残念」とはしません。

たとえば投票上位の中で「藤子不二雄ランド」「ドラゴンランス」シリーズ「**江戸川乱歩推理文庫**★」などは、あまりに巻数が多いため、出版社は、その資金負担額の大きさにたじろいでしまいます。

しかし、経済的理由から復刊を回避したことは、バービー人形のキャラクター版権の取得に、アメリカの版権管理会社に多額の支払を要すると知った場合だけです。

ところが、著作権者側の理由、これだけは、いかんともしがたいのです。

われわれは**諦めの悪い集団**です。出版社が「出せない」と言えば、ブッキングか

★江戸川乱歩推理文庫
講談社より刊行された全集。江戸川乱歩の小説・評論・少年物などをすべて内包した。未完の随筆や回顧録といった、このシリーズ以外で読むことが難しい作品も少なくない。現在刊行されている江戸川乱歩の著作は、多岐にわたるために入手しづらく、かつ、完全なものではない。江戸川乱歩を洩らさず読破するには、必須のシリーズであろう。また、天野喜孝による装画も美しく、乱歩の世界をより幻想的に演出している。

ら発行します。「版下フィルムも、原本も残っていない」と言われれば、投票者に協力を募ります。「海外著作物の出版権契約が切れた」と言われれば、海外著作権エージェントに出版権を再交渉いたします。「音楽事務所ともう繋がりがない」と言われれば、知り合いの音楽事務所を使って、ツテを求めます。

出版社の窓口の方に、一回無理だと言われて引き下がるようなことでは、復刊なんてほとんど成立しないからです。

佐々木先生には佐々木先生のご事情がありますから、そこは理解せねばならないと思っています。

五年、一〇年、いつの日か佐々木先生のお気持ちが再び出版界に向かったとき、私が復刊ドットコムの仕事にまだ携わっていたなら、そのときこそ改めて交渉を再開しようと思います。

『小説版キャンディ・キャンディ★』出版の決断

その本を出版することは、私たちにとっても**勇気が必要**でした。

女の子たちのバイブル「キャンディ・キャンディ」は、誰知らぬ者なき名作です。水木杏子(名木田恵子)作、いがらしゆみこ画になる人気マンガです。

みなしごであったそばかすの少女キャンディが、苦労を重ねながら看護婦とし

★小説キャンディ・キャンディ
マンガの原作から原作者自らが書き起こした小説。

て成長していくのですが、その過程で愛するアンソニーとの悲恋を乗り越えていく物語です。しかし、本来そんな悲しいお話であるにもかかわらず、いつも前向きに生きようとするキャンディの勇気と健気さに、読者はいつも励まされるのです。そんなしっかりとしたストーリー展開に、いがらしゆみこ氏の愛らしいイラストがマッチして、若い女性の涙と笑いを勝ち得てきた「キャンディ・キャンディ」。

しかし、いつの間にか、そのすばらしい作品は作者とマンガ家の間で**著作権に関する係争**が生じ、不幸な裁判に発展いたしました。原作者や脚本家の権利が確立していなかった時代の悲劇ともいえます。その小説版に300以上もの復刊投票が集まりました。

正直、火中の栗を拾うようで怖かったです。「刊行によって新たなトラブルが生じたらどうしよう」「**回収騒動になってしまったら……**」など心配はつきません。何度も弁護士に相談しました。

しかし、私を決断させたのは、営業の吉田の言葉でした。「うちがやらなければ、**この本はどこも復刊しないでしょう**」。その瞬間、心を決めました。覚悟を決めて、名木田先生に回答を迫りました。この本の復刊に思ったより時間を要したのは、名木田先生に心の葛藤が大きかったせいでしょう。

でも結局、名木田先生は、私たちと断崖を跳んでくださいました。この不朽の金字塔を、もう一度世に送り出せたことは、ブッキング最大の功績であったのではないかと、今でも思っています。

メールに涙

半年間ほど、NHKの人気人形劇番組であった「**プリンプリン物語**★」をコミック化した作品の復刊を交渉していた時期がありました。

出版社には「この案件はムリ」と言われ、その後、著作権者のコネを手繰って、手繰って、ついに某版権管理会社にたどり着きました。しかし、この作品には、著作権者がじつに六人もいたのです。

何とか**五人まで説得**できました。しかし、最後の一人がダメでした。どうしても首を縦に振っていただけませんでした。版権管理会社の方も積極的で、必死に説得してくださいました。

しかし、結果は轟沈。半年間の努力は報われませんでした。そこに至る過程で、原本をお借りした投票者の方とのメールのやりとりで、つい愚痴ってしまいましたのですが、彼女からは以下のような慰めと激励のお言葉をいただきました。

失敗しても心癒された瞬間でした。

★プリンプリン物語
79年から82年にかけてNHKで放映された人形劇。王女プリンプリンが祖国を求めて仲間と共に諸国を旅する冒険ロマン。

メールからも交渉の履歴からも左田野様のご苦労の様子がとてもよく伝わってきます。

すぐにお返事を差し上げようかと思いましたが言葉が見つからず、同じことの繰り返しになってしまいそうでしたので、本が届いてからご報告を兼ねてメールを差し上げることにしました。

私の場合は『悔しい』というより今は『寂しい』に近い感情です。

戻ってきた本を見て「終わっちゃったのだな…」としみじみ思いました。

本を預けただけで現実の苦労をしていないからなのかもしれません。

左田野様が『代表選手』だとすると私は一ファンか一サポーターのようなものかもしれませんね。

私のほかにもあなたの活躍に期待する『サポーター』が沢山いることでしょう。

メールやHPを見て一喜一憂していますよ、きっと……

これからもいいお仕事をしてくださいね。期待しています。

この度はどうもありがとうございました。

Y・H

雪の断章	183票
吉本超合金大百科	181票
影の姉妹	180票
アフタヌーンティーのメニューブック	179票
おっとあぶない	178票
クマさんの四季	178票
Chance！Chance！Shutter chance	176票
三原順のトランプランド	174票
舞姫	170票
霊の実在	170票
罪灯	165票
魔夜峰央のタロット占い	164票
クインティ　Quinty	162票
バービー大図鑑	161票
長編アニメーション映画 ［ルパン三世］カリオストロの城 宮崎駿［脚本＋監督］絵コンテ集	158票
H　2000年6月号	153票
新 恋愛今昔物語	149票
親馬鹿子馬鹿	149票
織田裕二　ニットブック（冬）	146票
恋愛今昔物語	146票
葛山信吾が着る彼のニット	145票
オールアバウトナムコ	144票
『is』	143票
［七曲署シリーズ］沖　雅也ｉｎ太陽に ほえろ！	143票
三原順 自選複製原画集〈チェリッシュ ギャラリー〉／同2	140票
「花と狼の帝国」第1～4巻＋未刊行 第 5巻（白泉社レディースコミックス）	140票
宇宙クリケット大戦争	139票
回転木馬	139票
リーンの翼　全6巻	137票
「魔術」は英語の家庭教師	134票
キミにもできるスーパーエリートの受 験術	132票
宇宙の果てのレストラン	131票
香港映画の貴公子たちpart3 レスリー・チャン&トニー・レオンデ ラックスカラーシネアルバム89	130票

はみだしっ子カレンダー	130票
織田裕二　夏の彼に、セーター	126票
はみだしっ子 絵はがき	123票
Dear（徳永英明写真集）	122票
オールアバウトナムコ Vol.2	119票
雲竜奔馬6巻以降	119票
季刊誌「マナメッセ」（及び総集編）	118票
竹本泉未収録作品集・ エンターブレイン＋白泉社＋ 宙出版＋メディアボーイ分	117票
キャンディキャンディ	114票
花嫁人形	114票
崖の館	114票
ジョスリン糖尿病マニュアル 第12版	113票
魔太郎がくる!! 全13巻	113票
恋愛風土記	109票
夢館	106票
忘れな草	103票
GO AHEAD	103票
女神転生IIのすべて	101票
水に描かれた館	94票
動画で表現できること ―近藤喜文の仕事	93票
風花の里	86票
［七曲署シリーズ］露口 茂 in太陽にほえろ！	86票
沙霧秘話	80票
竹本泉未収録作品集・角川書店分	77票
うさぎシリーズ	73票
竹本泉未収録作品集・ 竹書房＋芳文社分	62票
竹本泉・講談社未収録作品2	52票
極東天国！　全2巻	50票
Mariko―高橋マリ子写真集	46票
少女館	33票
太陽にほえろ！完結記念号 14年7カ月の軌跡	22票
竹本泉未収録作品・ソフトバンク分	18票
シトラスセロリ	5票

残念リスト、一挙公開！

残念ながら交渉を断念中のリクエスト本です。
詳しい交渉結果などは、ホームページをご覧ください。

▶残念書籍リスト　2005年5月現在

書名	票数
中庭同盟	1425票
鋼の錬金術師　第6巻（初回限定特装版）	1103票
ガイア・ギア全5巻	949票
T・Pぼん 未収録分	660票
オバケのQ太郎　全12巻	617票
麒麟都市3	562票
セット！ポン！でバン！！	522票
悪霊なんかこわくない	420票
ポポロクロイス物語　アートブック	383票
SHOGO HAMADA 25HOURS A DAY	378票
あさぎ色の伝説	367票
メフィストとワルツ！	332票
拝HIテンション	316票
ドラゴンボールGT パーフェクトファイル	315票
今市子単行本未収録作品集	314票
いなだ詩穂単行本未収録作品	300票
幻世虚構　精霊機導弾 ワールドガイダンス	298票
悪霊がいっぱい!?	296票
カメラ修理のABC	292票
STRAIGHT	291票
榛家の伝説	281票
バースデイ・イブは眠れない	280票
灰になるまで	268票
チェリッシュギャラリー 山岸凉子　日出処の天子	268票
悪霊だってヘイキ！上・下	248票
プリンプリン物語	246票
椽家の伝説	243票
死体のある20の風景	241票
BEST GUY IN 織田裕二	237票
神話少女栗山千明	230票
悪霊とよばないで	226票
B・J・C	221票
キャンディ・キャンディ	213票
悪霊がホントにいっぱい！！	205票
悪霊になりたくない	204票
甲斐バンド全曲集	203票
ディスカバー　方舟の獣たち	201票
超感覚ANALマン　2巻	200票
魔法使いの夜（通称・まほよ）	200票
ウォーク・ドント・ラン	198票
新明解ナム語辞典	198票
YUJI ODA OFF TIME 風のない午後に	197票
手作りで楽しむラガディ・アン&アンディ	195票
池脇千鶴 そのままの私	194票
ラジヲマン	193票
罪・万華鏡	191票
織田裕二「素顔の俺を感じてほしい」	190票
PlayOnline	188票
ヤングマガジン特別編集「AKIRA・POSTER&GRAPHIC」	188票
ながれ星	185票

2 憧れの著者に会いに行く！

この仕事をしていると、ジャンルを問わず、多くの著者の方とお会いすることになります。

作家の方にとっては、どんな形であれ、自分の作品が世に出ることはうれしいことで、感謝されることが多いので、ミーハーな私などは、復刊の仕事をやっていてよかったなぁとつくづく思います。

ここでは、私がお会いした作家さんたちの素顔について書いてみましょう。

マンガ家たちの素顔

マンガジャパン★新年会

マンガジャパン新年会に初めて参加した経験は鮮烈でした。

じつはブッキングはマンガジャパンの賛助会員になったので、毎年ご招待いただいているのです。初めて参加したときは、赤坂の全日空ホテルで、約一五〇人ほどが参加したパーティでした。

★マンガジャパン
93年発足。当時の代表世話人は故石ノ森章太郎先生。里中満智子先生、水島新司先生、かわぐちかいじ先生、矢口高雄先生ら一四人のストーリーマンガ家が世話人となって設立。

会の目的は、マンガ家同士の親睦や情報交換を図るとともに、今や文化にまで発展した日本のマンガを世界に向けて発信し国際交流を行うこと、またマンガ家の著作権を守るために活動することなど。日本を代表する有名マンガ家が大同団結した会ができたということでマスコミをはじめとする各界の反響はすさまじく、当時、新聞、雑誌などでも大きく報道された。

参加者は、もちろんマンガ家の先生、出版社の方々、石巻の石ノ森章太郎記念館関係の方々などさまざまな方々でした。パーティの席では、ずいぶんたくさんのマンガ家の先生方と話ができました★。

出で立ちが秀逸だったのは、**日野日出志先生**です。作務衣のような服装に身を包んで、舞台で居合抜きまで披露して忍者のようでした。**ちばてつや先生**はパーマでまとめた白髪がノーブルで、ブッキング岩本は、ちゃっかり一緒に記念撮影までしてもらっていました。**矢口高雄先生**は奥さまと、お嬢様を同伴。

皆さん、いただく名刺が「さすがマンガ家！」という感じです。ご自分の書かれるマンガキャラクターで彩った楽しい名刺です。なかでも迫力だったのは、ホラーマンガの**御茶漬海苔先生**のコワ〜イ名刺でした(笑)。

この手のパーティでは、司会はいつも里中満智子先生です。マンガジャパンの事務局長も務める里中先生は、この日はバイオレットのワンピースでとっても素敵でした。お話しようと行きましたが、さすがは人気者の先生のこと。待ち人が列に並んでいます。そろそろと思っても、サッと脇から入って来る方がいたり、先生が司会に戻ったりでなかなか話せません。

やっとのことでお話できましたので、思い切って、復刊ドットコムに里中満智子先生に応援メッセージをお願いしました。そして、本人にご快諾を得、いただ

★先生方と話ができました
敬称略でいかせていただきますが、ちばてつや、里中満智子、矢口高雄、ビッグ錠、犬木加奈子、御茶漬海苔、倉田よしみ、志賀公江、土山しげる、永井豪、中山星香、日野日出志、三浦みつる、村野守美などの諸先生一人一人と言葉を交わすことができました。

いたメッセージを本書にも掲載させていただきました。

人生の享楽者、藤子不二雄Ⓐ先生

藤子スタジオには、復刊交渉はもちろん、復刊開始以降も、出来上がったご本をお届けに、よくおじゃまします。お忙しいなか、藤子不二雄Ⓐ先生こと安孫子素雄先生は、いつも一時間以上も、われわれとの雑談につきあってくださいます。

そのお話は、**トキワ荘時代の思い出**から、現在の交友関係に至るまで広い範囲に渡ります。今では、安孫子先生の人生やご家族について、すっかり物知りになってしまいました(笑)。

安孫子先生の何より好きなことは、お酒とゴルフであることは有名です。銀座や六本木で朝帰りになるまで飲んでいる武勇伝には事欠きません。また、ゴルフもご一緒したことがありますが、大きく腰をためて放つスーパーショットは、さすがに『プロゴルファー猿』の著者です。失礼ながら、とても古稀を過ぎたお年には見えません。

安孫子先生が、故郷である氷見市のお寺出身のため、菜食中心の生活であることは有名です(まったく魚肉を召し上がらないわけではありませんが)。毎日、奥さまが用意なさる、野菜中心のお弁当が、きっと安孫子先生の健康の源なのでしょう。

　こんなに遊びに熱心な安孫子先生を脇からサポートしているのが、姉の松野社長とそのお嬢さんである松野泉さんです。松野社長は、ビジネス面では厳しい顔を見せることもあります。しかし、私にとっては白黒はっきりつけてくださる松野社長がいらっしゃるからこそ、道に迷わないですむのです。そして、編集面の実務をサポートしてくださるのが、松野泉さん。「藤子不二雄Ⓐランド」の編集担当である柳は、泉さんとがっちりペアを組んで、粛々と全一四九巻の全集刊行を無事に進行させました。

　そして藤子スタジオの皆さんに共通していることは、ファンを大切になさることです。

　東京国際ブックフェアでの「藤子不二雄Ⓐランド」創刊記念サイン会では、はるばる名古屋から来て先着一〇〇名に入れず、べそをかいていた女性を後でそっと招き入れたのは、松野社長でありました。

　安孫子先生を大切に思う多くのファンと、そのファンを大切に思う藤子スタジオの関係は、マンガ家と読者の理想形のように思えます。

佐野元春氏からの手紙

復刊ドットコムの掲示板に、こんなメッセージが寄せられました。

「このたび、ファンの皆さんの熱心なご支援によって、僕の拙著『**ハートランドからの手紙**★』が復刊されると聞きました。投票してくれた皆さんにどうしても気持ちを伝えたくて。どうもありがとう」

「ありがとう」と題されたメールの差出人には「佐野元春」氏でした。

一度、佐野氏の高輪のオフィスへおじゃましたことがあります。閑静な高級住宅地の一角に、ひっそりと落ち着いた「美しい部屋」でした。雑誌やテレビで拝見するのとまったく同じ顔をした(当たり前ですが)佐野氏を目の当たりにして、同行の松島、岩本は早速CDにサインのお願いとミーハーぶりを発揮したものでした。

その際は、オンデマンド出版の企画を相談にうかがい、いい線までいきながら、結局は諸般の事情で実現できずに残念な思いをしましたが、『ハートランドからの手紙』が角川書店から復刊となったのです。

薔薇族の伊藤文学編集長

男性同士が愛し合う系(?)コミック作家の山川純一氏の三点の復刊『ウホッ!!、

★ハートランドからの手紙

「この本は、もちろん佐野元春ファンにとっての重要な情報源となりますが、それだけでなく、誰かに伝えるためのツールとして「詩」を使用している人にとってよいお手本です。誰かに宛てて書いた「詩」は手紙になります。誰かに手紙を出したいという衝動。自分がここにいるということを誰かに知ってほしい。今もハートランドからの手紙は続いています。生きている限り、誰かにメッセージを伝えようとする気持ちは終わりません。(2000.09.28 ナマステ)」

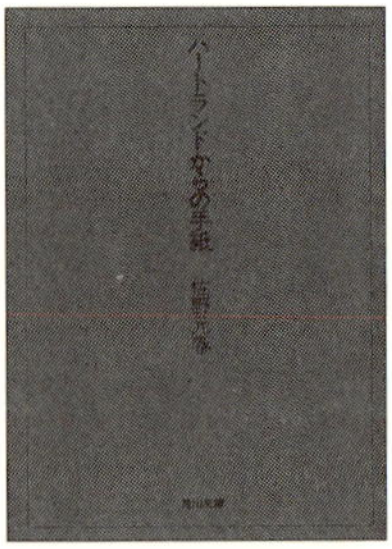

いい男たち★』の復刊は、雑誌「薔薇族」の編集長の伊藤文学氏に、その手はずを組んでいただきました。

当時、齢71歳の編集長は、父親から受け継いだ、この老舗雑誌を、もう三二年もこの道一筋で維持刊行され続けていたそうです。その後「薔薇族」は、いったん休刊となったものの再び刊行と、激しい変転を繰り返しているようです。

復刊交渉の当日は、下北沢に会社があるため、まずはご自宅を訪問しました。

打ち合わせは、かの有名な喫茶店「邪宗門」です。この店は、美味しい珈琲もさることながら、かの森茉莉先生(森鷗外のお嬢さん!)のご自宅のそばで、店主は森茉莉氏の書簡を多数保管されており、これに加えて、マスターがこよなく愛する美空ひばりのさまざまなコレクションが溢れておりました。

憧れのスタジオジブリへ

憧れのスタジオジブリにも足を踏み入れることができました。

東小金井の畑が点在する住宅地の中に、さりげなくそのスタジオはあります。青い木造の建屋の出版部には、宮崎駿監督ご自身がデザインした樹木の絵が正面に描かれています。何だか気持ちのなごむ色合いです。

そして、あの幾多の名作映画を生んだ制作部は蔦のからまる落ち着いた建造物

★ウホッ!!いい男たち
108ページ参照。

です。制作部の前には、目立たぬ場所に徳間康快氏の胸像が佇んで、在りし日の故人が偲ばれます。

この日は復刊ドットコムに多く寄せられるジブリ系コンテンツの復刊の相談に乗っていただくために訪問しました。お相手は、知性と美貌とはこのような方をいうのかと思わせる、女性編集局長です。

著作権を持つ方には、あまりにも市場に自らの出版物が飽和した際、その体系も含めた整理統合を自らに課す時期がありますが、宮崎氏も当時はその時節のようでした。そういう時期を経て、また宮崎監督の創造物がより豊かな形で読者のもとにもたらされる機会がつくられるのでしょう。

ところで、お会いした女性局長は、映画「ギブリーズ」を見た方は知っていらっしゃるでしょうが、あのなかで激辛カレーを見事に完食した女性の方なのです。オフィスを出てから同行の山本氏に聞いたので、あとで「あぁそうなのか！」と納得した次第です。

帰る道々、宮崎監督と高畑監督の事務所である「二馬力」のログハウス風の建物を見ながら、憧れが満たされた幸せに包まれて、復刊交渉を終えたのでした。

語シスコ★先生の憂慮

★語シスコ
45ページ参照

語シスコ先生の住む広島県福山市に出張にも行きました。

会ってみた先生は、うら若き女性で、笑顔の素敵な、ざっくばらんな方でした。一緒に会食しながら先生のマンガ観や、日常の暮しぶりをうかがいました。

ただ今、充電中とのことでしたが、復活して新作をお描きになるそうです。復刊することのできた作品は、いずれも先生の同人誌時代の冊子ですが、今はインターネットのオークションで非常な高値（一冊二万円！）で取引されているそうです。

語シスコ先生は、このような現状を深く憂えて、読者の負担を軽くしたいとおっしゃって、復刊を許諾してくださったのです。心優しき山陽の乙女と過ごした時間は、とても爽やかなものでした。

「監督」の来訪

ブッキングの事務所に、初めて「監督」が来訪してくださいました。

その方のお名前は楠葉宏三氏。日本アニメーション所属で「ＭＡＲＣＯ母をたずねて三千里」「**ロミオの青い空**★」「愛少女ポリアンナ物語」など、世界名作劇場などで、皆さまにおなじみの作品の数々を手がけてきた方です。年齢、出身など、そのプロフィールは謎に包まれているとされていますが、じつにナイスミドルな

★ロミオの青い空
95年の世界名作劇場で放送以来、圧倒的な支持を受けるアニメ作品。写真は、96年に刊行されたムック本。524票を集め、復刊された。

お方でした。

現場の星霜を、くぐってきた、アニメ現場の宮大工といった風情でしょうか。当日、書籍の編集について、著者の方や関係者のメンバーで、打ち合わせを始めましたが、いつもより何となく、みんな緊張しています。

会議の進行のなかで、楠葉監督は、あまり多くを語りません。どちらかといえば、静かに会議メンバーの発言をお聴きになっています。しかし、やはり口を開かれたとき、その言葉は、物事の本質を貫き、ずっしりと重さのある発言でした。

多くのアニメ番組の現場を仕切り、その作品のキャラクターの立場や、視聴者の立場など、さまざまな観点を持ち、それでいて作品の奥底から世界を見上げるような監督は、やっぱシブっかったです！

おおの藻梨以《もりい》発「もんもん谷通信」

『**くにたち物語**★』の著者である、おおの藻梨以先生とは復刊交渉を縁にメル友になりました。

思い出したように送られてくる「**もんもん谷通信**★」と題されたメールは、おおの先生の飼う愛猫のことや、荒川区町屋在住時代の思い出など、プライベートな生活をユーモラスに伝えてくれます。

★くにたち物語
「青春時代に読んだ作品です。大人になったら子どもにも読ませたいとおもうマンガでした。現在二人の子どもの親になりましたが、どうしてもモコとトッドのその後が気になります。もう一度読みたいマンガです！（2003.03.03 junkomama）」

★もんもん谷通信
愉快なおおの先生の「もんもん谷通信」を一通だけご紹介しましょう。
◇中学二年の夏休み…荒川区の「町屋」を離れて…三十年と少し。二十代後半までは「町屋」の〝お祭り〟が恋しくて、チョクチョク遊びに行っていたのですが、少しづつ足が遠のいそんなおおの先生に、復刊を記念して復刊読者のためにサイン本をおねだりしたことがあります。そのサイン本を受け取りに、先生がお住まいの国立にまで行ってまいりました。

バーバパパのイラストをあしらったジャケットをまとい、アラレちゃん風のメガネをかけたキュートな出で立ちの先生と感動のご対面でした。メールでは何回もやりとりさせていただきましたが、実際には初対面でしたので、お互いに緊張気味。しかしながら、その緊張のなかにも、町屋時代の「トリゴエ・ソラ」の当時のケーキとしては珍しかった生クリームへの憧れ、不思議なペンネームの由来（「藻梨以」は学生時代に執筆したマンガのキャラクター名だそうです。「おおの」の方は秘密にした方がよさそうです）など、興味深いお話を聞かせていただきました。

そして、復刊交渉からサイン本受け取りまでの過程は、なんと『くにたち物語』第5巻の付録マンガに紹介されたのです。復刊交渉がコミック化されたのは、後にも、先にも、このときが初めてでした。

てしまい、もう十数年もの間、あちらに足を向けていません。でも…【トリゴエ】はまだあるのですね。当時【トリゴエ】の包装紙のロゴ・デザインが微妙で、私は［ソラ］を〝ぞら〟と読めず［ソラ］〝んら〟と読んで【ソラのケーキ】と思い込んでいました。［ケーキ］といえばネットリ油っこ～い［バタークリーム］が主流の時代に【生クリームのホイップを使ったソラの苺のショートケーキ】は高級品で滅多に食べられず、幼い私にとって憧れの逸品だったのです。私が［町屋］を歩く範囲は【千代田線・町屋駅から尾竹橋】まで。【尾竹橋通り】沿いは行く度に様変わりしていて、離れてから十数年の間にスッカリ別の町になったようで、私は【女浦島太郎】でした。お茶屋の【北村園】と洋品店の【東京堂】では結婚前の叔父・叔母が勤めていました。【三忠】の店の前では、板さんが鰻をさばいているのを、しゃがみこんで飽きもせず、見入っていました。今もそれらはあるのでしょうか…懐かしいです。

ロックンロールする絵本作家

長崎在住の絵本作家、**長谷川集平**★氏の第一印象は、「かっこいい!」でした。

私と編集長の染谷を迎えてくださった長谷川家の人々は、今もなお絵本作家兼ミュージシャンである集平氏、向日葵のような令夫人、そしてアシスタントのS女史でした。坂が多い長崎の街を一望に見下ろすマンションに、長谷川一家はお住まいでした。この街は、じつに大学時代以来の来訪でした。もちろん訪問目的は『はせがわくんきらいや』復刊の出版契約を長谷川集平氏と行うためです。

順調に契約は完了し、その後は復刊以外でも何かできるかを打ち合わせ。仕事が終わったあとは、最も長崎らしい場所へ、ということで中華街へ繰り出しました。みんなでご当地名物の皿うどんや豚の角煮などに舌鼓を打ちながら、愉しい時間を過ごさせていただきました。

食事中には、私の携帯電話で、私同様に長谷川氏の大ファンである妻とも、お話していただきました。なんと親切な長谷川氏! そして、これまた先生の大ファンであり、復刊実現に一役買ってくださった某ネット書店の方のために、先生は特別のプレゼントも用意してくださいました。

★長谷川集平
125ページ参照。

★スズキコージ
48年静岡県生まれ。絵本作家・イラストレーター。71年、個展「コージズキンの世界」を開催。既存の枠に囚われない破天荒なスタイルが多く長谷川家を訪問した際、**最高に贅沢な時間とは**、本に囲まれている空間に座すことであると実感しました。先生の書斎に入れていただき、それはまさに至福の時間でした。今は手に入らない数々の長谷川氏の著書、掲載誌のバックナンバーなどがずらっと並んでいます。棚の本を手に取って眺めると、日本の児童文壇史の、ある一定角度の断層が浮き彫りになって見えます。灰谷健次郎先生、山中恒先生、堀直子先生など、長谷川集平氏が挿絵をつけた作家たちの初期作品本を、わくわくしながら眺めていました。時間がなくてそれぞれを通読するわけにはいきませんでしたが、こういう作品群を復刊していくことも、復刊ドットコムの一つの使命だなと認識した次第です。

コージズキンの家

絵本の世界で最もエネルギッシュな人、コージズキンこと**スズキコージ**★先生の、蔦がからまるご自宅にうかがったこともありました。

その前の週まで、銀座のプランタン前の炎暑のなかで、ライブペインティングで大作を仕上げていらっしゃった疲れも見せずに、われわれの訪問を迎えてくださいました。『**クリスマスプレゼントン**★』復刊に向けての話し合いのためです。

先生の絵は、シャガールのようでいて、ピカソのようでいて、センダックの

のマニアから支持を受ける。その後、『エンソくんきしゃにのる』で小学館絵画賞、『ガラスめだまときんのつののヤギ』、『やまのディスコ』で絵本にっぽん賞を受賞。また絵本のみならず、画集、ポスター、舞台衣装など、その活動の場はとどまるところを知らない。

★クリスマスプレゼントン
とても寒い雪の夜、だまって座っていた雪だるまが突然歩き出しました。それを見つけた、メリーという女の子が、そおっとあとをつけていきましたが……。雪のラッパ男、雪の馬、雪の山や村などのすてきなイラストが楽しませてくれるクリスマスお勧めの本。

ようでもあります。しかし、それでいて、カリビアンな風をたなびかせる、やっぱりスズキコージ！なのです。

独自な生命力が、ぐっと見る人のハートに迫る素敵な絵です。

そしてお会いした先生ご自身も、ワイルドな風情と芸術家だけが持つナイーブなフェロモンを同居させた味わい深い印象を、私に残してくださいました。

初対面でしたので、私はけっこう緊張しておりましたが、先生はとっても気を使ってくださっていたようです。仕事の話もそこそこに、先生は私たちに過去の著作物や自ら絵付けされたお皿などの作品を、解説付きで見せてくれましたから。

あぁ、なんと贅沢な時間！

大海赫★サイン会に訪れる人の波！

初めてお会いした大海赫先生は、きわめてご機嫌斜めでした。

投票者の方から教えていただいた、大海先生の奥さまが経営なさっているリサイクルショップ「魔女」を初めて訪問したときのことです。復刊交渉にきたものの、あまり芳しい反応は得られず、私は当惑するのみでした。

しかし、話をしながらハタと気がつきました。「ひょっとして**自費出版★の押し売りだと勘違い**されているのではないか」と……。思った通りでした。印税の提示

★大海赫
121ページ参照。

★自費出版
厳密な定義があるわけではないのですが、著者自らが印刷などの費用を負担して本を作ることをいいます。

をすると、大海先生が怪訝な表情をされはじめたからです。そのうちすっかり誤解も解けて「そんなことなら早く言ってくれればいいのに」と、打ち解けた話し合いとなりました。

先生からすれば無理もない話だったのでしょう。不運にも三〇年以上、著書の刊行がなかった毎日から、突然見も知らない出版社が訪れれば、自費出版の勧誘にしか見えなかったのも無理はありません。

その後、復刊第一号である『ビビを見た!』には、よしもとばなな先生が推薦してくださった効果もあって、手堅くセールスも伸びていきました。そんななかでリブロ池袋店の大井女史が、大海赫先生の作品原画展を持ちかけてくださったのです。われわれも初めての経験だったので、当初はどうしていいかわかりませんでしたが、だんだんお互いにアイデアが膨らんでいって、ついに紙芝居やサイン会を開催する運びに発展いたしました。

とはいえ、大海先生も**三〇年ぶりの復活**、どこまで読者が集まってくれるのか、われわれも心配でした。しかし、ふたを開ければ大成功です。会場は一五〇人ほどの人、人、人の波。はるばる北海道から来た方までいらっしゃいます。ある意味で、こんな機会を逃がしたらもう二度と大海先生に会える機会もないと、ファンの皆さんが思って集まったのではないかと思えるほどの、熱気ムンムンの集まりでありました。

たむらしげる先生★、家族一同お慕い申し上げております

ついに、憧れのたむらしげる先生にお会いすることができました。

『**一千一秒物語**★』を復刊することになったのです。この本は**リブロポート**★といういまはなき出版社から刊行されていました。

じつは、私の家族はほぼ全員がたむらしげる先生のファンタスティックな世界にはまり込んでいます。初めてパソコンを購入した数年前から、「ファンタスマゴリア」などのCD-ROMを買い込んできては、摩訶不思議な異次元世界へのバーチャル旅行を、親も子も楽しんできたものです。

先生のアトリエは、コンピュータと書籍に埋まっ

★たむらしげる
49年東京生まれ。76年に絵本『ありとすいか』でデビュー。その後、マンガ、イラスト、版画、アニメと活動の場を広げ、幻想的で透明感のある作品を多数発表。主な作品として、絵本『ランスロットとパブロくん』、マンガ「ファンタスマゴリア デイズ」シリーズなど。

★一千一秒物語
稲垣足穂の原作に、たむらしげるがCGイラストを描いた、というすばらしい絵本。時を越えて、奇跡的ともいえる絶妙の組み合わせにより生まれた魅力的で不思議な世界。待望の復刊。

★リブロポート
その復刊に際して、サイトでリブロポートの残してきた遺産について触れたところ、リブロポートにゆかりのあった女性の方から、感謝のメールをいただきました。
リブロポートの初代社長であった故**小川道明**氏の思い出について書かれた内容でした。
本を愛することにおいては、業界随一だったのではないでしょうか。すばらしい本をつくり、最高のセレクションで本を売る人生。その至高の人生哲学が、出版市場という経済の世界では必ずしも報われたわけではなかった悲しさ。私もそのメールを読んでいて、胸が潰れそうになりました。生前の小川道明氏と会うことはありませんでした。しかし、氏の手がけた出版物を通して、天国の氏と復刊交渉をさせていただいたのではないかと思っています。私は、出版業界にこのような先達がいらっしゃったことを、誇りに思います。

ていました。入り口すぐには、ＣＡＤ風のパソコンの大画面に、幻想的で蛍光色に溢れた素敵な画像が、目に飛び込みます。そして階段には、先生が表紙を描かれた書籍などが所狭しと積み上がっています。その表紙のどれもが、宝石のような青白い輝きを放っています。

ゆっくりと淡々と、お話しながら、先生は私の申し出た出版契約のオファーに、いろいろとアドバイスをくださいます。完全に舞い上がっている私に、優しく、冷静に教えてくださるのです。まことに幸せな一時間でした。

高橋真琴★先生のギャラリー

千葉県の佐倉市に「真琴画廊」という小さなギャラリーがあります。

ここそが、美しい少女絵の世界を描かれる**高橋真琴先生の本拠地**なのです。蔦のからまる高橋先生のご自宅と隣接して、真琴ワールドへのドアが開かれています。ここには、先生の絵画数点が壁面を飾っているほか、これまで刊行されてきた出版物やキャラクターグッズなどが宝石のように点在しています。

高橋先生の絵に登場する少女たちは、目がパッチリと大きくて、輝くような華やかさと艶やかさが、見る人に二度と忘れえぬインパクトを与えます。

いわゆる児童向きの絵本にだけ描かれる少女絵でもなければ、かといってマン

★高橋真琴
「少女マンガ」に出てくるお姫様の定番ともいえるスタイル（「瞳の中にキラキラ星」「綺麗な花々をあしらった背景」「フリフリのドレス」）を生み出した画家。誰でも一度は見たことがある、あのお姫様です。

ガそのものでもなく、美術館によくある名作絵画でもない独特の美しさです。

女性ファンが圧倒的ということですが、実際には原画の購入者には、男性ファンも多いということです。わかります、その気持ち。私も『**おひめさまえほん**★』復刊交渉の過程で、高橋真琴先生の世界を知れば知るほど、その深山の湧き水のような清遠の美に惹かれてゆくのでした。

真琴画廊を支えている方々の数人ともお会いしました。いつもにこやかに笑っていらっしゃる先生を支えているのは、数人の女性スタッフです。皆さん、本当に先生の絵が好きで好きでたまらなくて、お手伝いされている方々です。

しかし、そういえば長谷川集平氏しかり、スズキコージ先生しかり、絵を描く方々の周囲には、いずれも女性スタッフが脇を固めています。やはりすばらしい絵は、有能で美しい女性たちを惹きつけてやまない引力があるのでしょう

憧れの天澤退二郎★先生

天澤退二郎先生には、「オレンジ党」シリーズ『光車よ、まわれ！』の復刊をお願いするために、先生のご自宅を訪問することができました。

『光車よ、まわれ！』などを20代に夢中になって読み耽った私にとって、先生は、まさに憧れそのものでした。お会いする時間や場所を決めるために、電話してい

★おひめさまえほん
04年、画業五〇周年を迎える高橋真琴先生の長い間入手困難となっていた作品。絵本としてもイラスト集としても最高のクオリティを誇る本作品は、あらゆる世代の支持を受け、お姫様ブームのなか、復刊された。

★天澤退二郎
129ページ参照。

る最中も、手がブルブルと緊張で震えてしまいました。

そしてついに現れた天澤退二郎先生は、「オレンジ党」シリーズの挿絵を担当されていたマリ林こと、先生の奥さまとごいっしょにいらっしゃいました。

小柄ながら、想像した通りの知的な風貌の天澤先生は、ちょっと訥弁ながら私に優しく語りかけてくださいます。宮澤賢治研究の泰斗として、フランス文学や詩の世界にも精通されている天澤先生。その代表作である幻想的児童文学、とくに『光車よ、まわれ!』はカリスマ的な支持を受けた作品で、2ちゃんねるにも「光車」板が立つほどです。

そして、打ち合わせのなかで、天澤先生は衝撃的な発言をなさいました。先生は「オレンジ党」シリーズの続編執筆への意欲を口に出されたのです。私は、あまりのことに、その場で卒倒しそうになりました。

新たなる闇との闘いが、復刊ドットコムから始まることに、私の心は宇宙に飛翔したのであります。

別役先生との待ち合わせ

和製ファンタジーの二大巨頭は、一つは天澤退二郎先生、そしてもう一つの極みが別役実先生です。

別役先生には「**童話そよそよ族伝説**」という、未完のすばらしい古代ファンタジーがあります。日本書紀の古代ヤマト王朝を舞台にした、手に汗握る壮大なサイキック小説です。

別役先生は、どちらかといえば、演劇の世界の大御所です。しかし私にとっては、創作児童書読み物の神さまです。人生に二冊の書物を選べといわれれば下村湖人の『次郎物語』と、この本を選ぶでしょう。

そんな憧れの別役先生と、新宿紀伊国屋裏の喫茶店トップスで待ち合わせをしました。復刊交渉というより、楽屋裏に押し寄せたファンの心境でした。しかし先生はなかなかお越しにならず、ハラハラドキドキしておりました。とうとう先生の姿が一時間近く見えないことを不審に思って、ご自宅に電話を入れました。そして、奥さまから衝撃の事実をうかがいました。私が電話で四時と申し上げたつもりの待ち合わせ時間を、別役先生は一四時とお聞きになったのです。つまり、結果的に、私は憧れの先生との待ち合わせを**すっぽかしてしまう**という大失態を演じてしまったのです。当日、ちょっと電話一本入れて、確認しておけばすむことでした。このような私のしくじりにもかかわらず、その後、再度設定した待ち合わせに先生は応じてくださいました。

初めてお会いした別役先生は、長身にして、背筋がピンと張り、眼光紙背に徹する印象の方でした。前回の失敗もあって、完全に緊張で舞い上がっていた私は、先生と何を喋っていたか、ほとんど覚えておりません。しかし、気がついてみれば、復刊交渉は順調に進んでいたという次第です。

良書には推薦者が集う

復刊に際して、出来上がった本に巻くオビに、その存在を読者に強く訴えるために、各界の識者や、著名人に推薦の辞をいただくことがあります。

出版業界の最もスタンダードなPR方法です。

また書店店頭での返品時に、巻かれたオビに有力な推薦者の名前が載っているか否かで返品するかどうか決めると言っていた書店員の方もいました。

復刊交渉の過程で、著者からこれまでの親交や、過去の書評履歴などをヒアリングするなかから、「よし、この方にお願いしよう」と思い立つわけです。

初めての依頼は「ダルタニャン物語」の推薦を、元学習院大学教授の篠沢秀夫先生にお願いしたことでした。先生のご自宅までおうかがいしてお願いした緊張の初体験でした。

それ以降も、前述のように大海赫『ビビを見た!』でよしもとばなな先生に、長谷川集平『はせかわくんきらいや』に灰谷健次郎先生、同じく長谷川集平『パイルドライバー』で忌野清志郎氏に、天澤退二郎『光車よ、まわれ！』に唐十郎氏、みなもと太郎『ホモホモ7』にすがやみつる氏に、「ダルタニャン物語外伝〜恋の血風録」で佐藤賢一先生に、『私の洋風料理ノート』で小林カツ代先生に、『ハンス・ベルメール写真集』で押井守監督に、『名和好子のきもの遊び』で花井幸子氏に、『「ショーンの大冒険』でC・W・ニコル氏に、上村一夫画・久世光彦作『螢子〜昭和抒情歌50選』では人気歌手の一青窈さんから、変り種では『ハリスおばさん、パリへ行く』では舞台となったクリスチャン・ディオール社から、と多くの方々に推薦を貰って、貰って、貰って、貰いまくりました。

復刊の刊行そのものをお願いするわけではないので、たいがいは事務所の方々との折衝になりますが、少ない謝礼にもかかわらず、復刊書籍の推薦文執筆にお時間を割いてくださった皆さまには、本当に感謝いたします。こういうことを考えると、書籍の出版という仕事は、純粋な経済活動というのではなく、識者の皆さんが広く文化的な視野で捉えてくださっていることがわかります。

書評に取り上げられること

推薦文をこちらから識者に求めにいくこともあれば、新聞や雑誌などで先方から復刊書籍の推薦を受けることもあります。

復刊書籍は、新刊書籍ではないので、新聞書評の欄に取り上げられづらいのです。しかし、それでも、**もともとが実力のある作品**たちです。正式な書評でなくても、別の特集の形で強力に紹介していただくケースが多々あります。朝日新聞では五味太郎氏が『はせがわくんきらいや』を、そして伊藤遊氏が「光車よ、まわれ！」を大きく取り上げてくださいました。『はせがわくんきらいや』が朝日の日曜版の読書欄に取り上げられたときには、妻が声を詰まらせて「この仕事をしていて、よかったわね」と言ってくれたことが、今も心に残ります。また『ダルタニャン物語』刊行時には、「ＢＲＩＯ」誌で詩人の大岡玲氏が生涯最高の一冊に選んでくださったことはうれしかったです。

復刊書籍は、毎月10〜20件くらい、どこかのマスコミ媒体で紹介を受けます。これらの露出は、こちらにとって不測の事態です。もちろん私たちも、マスコミ各社に刊行案内のプレスリリースを送ったりはしています。しかし、広告ではありませんので、頼めば掲載してもらえるわけではありません。先方から歩み寄ってくれることを待つしかない出会いです。

3 時代の波に揺られて復刊された本

復刊というと「懐かしい本」というイメージが強いのですが、世の中の動きと呼応することがあります。
ここでは、そんなエピソードを紹介しましょう。

八月の砲声事件

二〇〇三年三月、アメリカによるイラク侵攻が開始されました。

復刊ドットコムでは、この事件から少し前、二〇〇一年一二月に「八月の砲声事件」が起きたのです。

『**八月の砲声**★』は、第一次大戦がいかにして起ったかを伝える歴史的傑作ノンフィクションなのですが、一二月の時点では、刊行元である筑摩書房で、すでに品切重版未定の状態になっていました。この書籍は、それまで、わずか2票を獲得していただけの、少なくとも復刊ドットコムのなかでは、**地味な名著**といった書籍でした。しかし一二月八日に、「まき」さんから、以下のリクエストメッセー

★八月の砲声
「二度も戦争をとめた本を読んで、この状況で何をどう考え、自分達にに何ができるのか知りたいから。(2001.12.28　シュビドゥワー)」

ジをいただきました。それが「事件」の予兆でありました。

『「ほぼ日刊イトイ新聞」内の鳥越俊太郎さん担当コラム(2001.12.7)で知りました。朝日新聞の外岡秀俊記者が同日のコラムで紹介したことを引用する形です。本屋で探しても見つからないはずです、廃刊になっていたとは……。ぜひ復刊させてください』

これは、ニュースキャスターである鳥越俊太郎氏が、糸井重里氏の主宰する人気インターネットサイト「ほぼ日刊イトイ新聞」のなかのコラム「3分間で、最近のニュースを知る。鳥越俊太郎の『あのくさこればい!』」で『八月の砲声』を紹介されていたことに触発されたメールだったのです。そして翌日には、なんと鳥越俊太郎さん本人のコメントが復刊ドットコムに寄せられました!

『私は「ほぼ日刊イトイ新聞」で鳥越俊太郎の「あのくさこればい!」というコラムをかいていますが、先日朝日新聞の外岡秀俊記者が記事の中で取り上げていた『八月の砲声』のことについて言及しました。ケネディ大統領が米軍の全将校に送って読ませたという、この本をできれば、私自身で読みたいということです。私のコラムでも読者に投票を呼び掛けます!!』

その後、あっという間に700票が投ぜられ、本書は筑摩書房から緊急復刊されたのです。

五〇〇ページを超えるハードカバーの大著でしたが、これが飛ぶように売れました。このような硬派な翻訳ノンフィクションは、なかなか売るのが難しい本なのです。しかしインターネットという即時性のあるメディアでの読者の反応と、それを汲み取ることができた復刊ドットコムというサイトの特性がうまく機能した好例ではないでしょうか。

真珠夫人

二〇〇二年六月二五日、朝日新聞の朝刊の衛星テレビ番組紹介欄にある「はてなTV」のコーナーに復刊ドットコムが紹介されました。妻が見つけて、寝起きの私に伝えてくれたのです。

ひと目見て「あれっ?」と思いました。これまで復刊ドットコムは、学芸欄で紹介を受けることはあっても、テレビ関係欄でのお目見えは初めてだったからです。

今回はフジテレビ系ドラマ「**真珠夫人**」の**原作**★が絶版になって復刊ドットコムで

★真珠夫人の原作

「お昼の番組を毎日見ています。瑠璃子という女性の波乱万丈の人生に目が離せません。このドラマは昭和に書き換えられているとのこと。ぜひ、大正時代の原作を読んでみたいと思っています。(2002.05.16 匿名)」

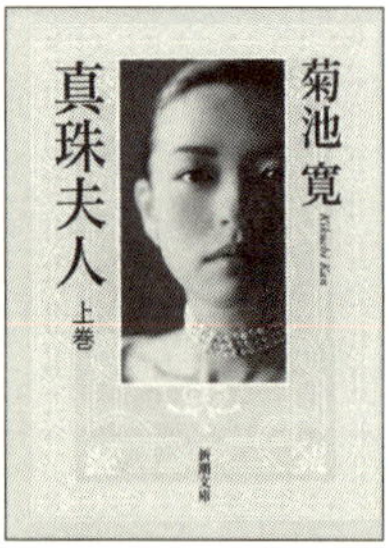

投票が集まっていること、その小説が復刊ドットコムでも購入斡旋されている新潮社オンデマンドでも購入が可能なことが報じられています。

この番組は、昼一時半からの時間帯で流れていました。文豪菊池寛の作になる「真珠夫人」という舞台で、女優横山めぐみが、無垢なのに男たちを破滅に導くアンビヴァレンスな主人公を演じます。

ジェットコースタードラマと呼ばれるスピーディなストーリー展開、女優たちの真に迫った**憎々しげな演技**が、予想以上の大人気を呼ぶことになりました。いわゆる「ブレイク」したのですが、時代の求めるツボにピッタリはまった演出だったのでしょう。

このお陰で本書は復刊ドットコムでも、かなりの人気を博したのですが、それだけではストップせず、結局、新潮文庫で再発売という形になりました。

さらに菊池寛作品は、すでに著作権切れなことから、そのほかの出版社からも、柳の下のドジョウで、続々と**真珠夫人関連本**が出版されたのです。このなかには、菊池寛が創始した文藝春秋から文庫でも新装発売されたことは、当然のことだったのでしょう。そして、その後、私が菊池寛の曾孫である菊池勇生氏と、まったく別の復刊話しで会うことになるのも、これもまた何かの縁(えにし)でありましょうか。

ファンタジーブームのお陰で

二〇〇二年、社会現象に発展するほどのベストセラーとなった「ハリー・ポッター」に続いて、あの名作「指輪物語」を原作とする映画「ロード・オブ・ザ・リング」公開で、どこの書店にも、それまでまったくなかったファンタジー単行本の棚ができました。「指輪物語」の評論社では、それまでの累積販売部数を、あっという間に売ってしまうゴールドラッシュであったと聞きます。

A5判のハードカバーで、しかもファンタジーなどという地味なジャンルの書籍群の棚が、日本全国の書店にあまねく設置されるなどという現象は、それまでの出版業界の流れからは考えられないことでした。ことに翻訳文学は、書店店頭で**置き場所に困るジャンル**となりつつあったのですから。当然のことながら、出版社もこういう潮流をじっと観測しています。

アスキーが「ドラゴンランス」シリーズを市場に投入できたのも、ファンタジーブームがあってこそでした。一冊だけでも充分な読み応えのある作品で、しかも二三巻もの巨大な構成です。いかにアメリカではベストセラーであったとしても、普通ならそう簡単にはシリーズ刊行に踏み切るわけにはいきません。このシリーズを企画推進してきた工藤編集長は、実際にアメリカに赴いて、厳しい著作権交渉を何年も行い苦労をしてこられました。

ウェットな日本の出版界と違って、厳しいビジネスとしての洗礼をくぐり抜けての、雌伏の期間を経た工藤編集長は、日本の出版業界に生じたファンタジーの波を、絶好の機会とみて、満を持して打って出たのであります。これ以上は絶対にない勝負時だったことを、交渉過程の間から見守ってきた自分としては、今でも実感しています。

CVSの廉価版コミックの隆盛

今でこそ当たり前のようにコミックがコンビニエンスストア(CVS)に並んでいますが、出版業界において小学館が始めた「マイ・ファースト・ビッグ★」の出現は革命的なコミックスの販売方法でした。

表紙カバーをなくして「**読み捨て**」**感覚**を促し、巻数表示をやめて読み切りタイプを演出するなど、従来の出版業界の常識をくつがえす編集方針を貫きました。また、定価設定の税込み三〇〇円という設定も、お茶とおにぎりとコミックを購入して千円札以内でおさまるという、来客のライフスタイルまでを見通した仮説に基づいています。

この定価設定のために、既存の印刷版下フィルムを利用するために過去の作品の二次利用を行い、印税率も通常より切り下げる交渉を行うなど、低価格設定の

★マイ・ファースト・ビッグ
小学館が刊行している廉価版シリーズ。過去の名作・ヒット作からピックアップして再録。

ための下準備も完璧でした。これまで顧みられることの少なかった大御所マンガ家の過去の作品が、コンテンツ市場において、草刈り場の様相を呈して、にわかに**マンガ復刊ブーム**となりました。

「マイ・ファースト・ビッグ」は飛ぶように売れ、非常に高い実売率を示しました。低価格とはいえ、約三万軒のコンビニ市場での販売は大きな売上数字を示す結果となりました。取次各社も、この時期、商品確保に躍起になっていました。この小学館の成功を見て、大手出版社各社は続々とこの新しい商法に参入いたしました。そしていずれも大きな成功をおさめたのです。

このような**3コインコミック全盛時**に、われわれは藤子不二雄Ⓐランドの発売時期を迎えました。コンビニエンスストアは大きな販売市場ですから、ここで商品投入すれば大きな商いになると勧める方がいて、それまでインターネット受注＋大型書店での販売を機軸として考えていたコンセプトの修正を私は迫られることになりました。

親会社の役員や藤子スタジオの方々とも相談した結果、かなりの葛藤がありましたが、思い切ってコンビニエンス市場に商品投入してみようかということになりました。部数が増えれば定価を下げることができて、読者も喜ぶだろうと考えました。

『怪物くん』から始まった「藤子不二雄Ⓐランド」ですが、確かにコンビニエンスストアでの販売実績は、書店やインターネットとは桁違いでした。

当初は、『怪物くん』は四万部を製作して、八割くらいの実売を示しました。上々の滑り出しでした。自分としては、これまでネット受注で手堅くいっていた刊行と比較して、ちょっと**金銭感覚が狂ってしまう**ような実感がありました。しかし、全一四九巻を擁する全集の販売は、コンビニ市場での読み切り感覚とはズレがあったのか、巻数を重ねるごとに実売率の低下を招きました。

最終的には『忍者ハットリくん』の発売時点で、「やはり書店とインターネットの販売中心に方針を戻そう」という決定を行いました。幸いにして、藤子不二雄Ⓐ先生にはがっちりと固定読者がついていましたので、その後も安定したシリーズの刊行を継続することができました。

今考えると、市場投入のしかたに問題があったと反省しています。

カバーなし、巻数表示なしという原則も外していましたし、定価設定も中途半端でした。商品の市場特性を見誤っていたということでしょう。商品製作には、市場ニーズを汲んだノウハウが必要です。

そして廉価版コミックの市場は、3コインコミックの隆盛から、今はページ数を二倍から三倍にして五〇〇〜六〇〇円の定価設定とした商品中心に移行してしまいました。コンビニエンスストアの店頭に、3コインコミックが溢れ、飽和してしまったからです。3コインコミックのなかでも『笑ゥせぇるすまん』や『パーマン』など有力作品は好調な販売実績を示しますが、やや知名度が落ちる作品の販売実績は低落しました。もはやコミックなら何を投入しても売れる時期は終わったのです。

新たに台頭した五〇〇円以上タイプのコミックは、束《ツカ》(本の厚さ)を厚くして、棚に背表紙陳列されても存在感をアピールできるタイプが主流となったのです。また、コンビニエンスストアの社会浸透が加速して、来店客の年齢層が上昇し、客単価のアップに顧客が耐えられるようになったとの見方もできます。

すでに雑誌販売において、書店を凌駕するようになったコンビニエンスストアは、コミック販売においても新たな市場を創造し、さらに変転を遂げようとしているのです。

メモリアルイヤーに狙いを定めて

出版社は自社の出版物を世に出すに当たって、どういう位置づけで送り出すかということを真剣に考えます。宮部みゆき氏や、村上春樹氏のように「出せばベストセラー」という売れっ子作家はともかく、一般的には世の中の動きを見ながら刊行いたします。

そのなかで最もポピュラーな動きとしては、他社の刊行実績への便乗や同調、そしてメモリアルイヤーの活用でしょう。

復刊ドットコムの例でいえば、角川書店から刊行された「スヌーピーブックス」全八六巻は、スヌーピー生誕50周年を記念して刊行されました。復刊ドットコムでの高額セット商品販売は、ここから軌道に乗ったといえます。五万円という高額な商品にもかかわらず、予約を開始したとたんに受注が殺到しました。商品内容のすばらしさもあったと思いますが、日本のスヌーピー市場が、満を持して発売したリリースした商品だったのでしょう。

こういう節目には、当然のことながら、記念イベントが開催され、同様の傾向の商品が数種類発売されて、書店その他のショップでコーナー展開されたりします。したがって、販売する側もモチベーションが上がり、拡販への動機付けがなされます。高名な著者の生誕〇〇年、没後〇〇年などもメモリアルイヤーの一種でしょう。

二〇〇二年の秋は「ゲゲゲの鬼太郎」で有名な水木しげる先生の生誕80年を記念して「水木しげるオフィシャルＢＯＸ世界妖怪遺産」と「水木しげるプライベートＢＯＸ世界妖怪遺産」などの高額商品が次々と発売になりました。この時期、世の中全体が、水木しげる先生の業績や動向に目が向いていたという好例でしょう。

二〇〇五年の春は、アンデルセン生誕二〇〇年で出版業界は盛り上がっています。昨年末からデンマーク女王が来日されたり、芸能人やスポーツ選手から親善大使が任命されたりして、このメモリアルイヤーを盛り上げようとする機運となっています。

また夏には、ビックリマン生誕20周年に当たります。当然、キャラクターの管理会社であるロッテでも、メモリアルイヤー盛り上げのために、商品の投入やイベントの実施を考えるでしょう。このような版権管理会社やメーカーの動きに、出版業界としても同調するわけです。〇〇周年というメモリアルイヤーの性格上、復刊や復刻は非常にマッチした商品開発となるわけです。

ゲーム復刻のタイミング

復刊ドットコムでは、書籍とCD入り乱れて、じつに二四点もの復刊投票があるタイトルです。

ゲーム関係書籍の復刊投票は、非常に層の厚い復刊ドットコムですが、二〇〇四年二月に任天堂からゲーム「MOTHER」が再発売となって、多くの復刊が一挙に実現することとなりました。それまでも久美沙織先生のノベライズ作品の復刊が行われていましたが、この時期は堰を切ったように多くの復刊商品が発売になりました。

先鞭を切ったのが音楽CDです。「MOTHER1」と「MOTHER2」をリミックスしたバージョンが、まずは発売になりました。しかし、これには旧バージョンを手に入れたいファンの方々から「もう一枚出して」コールが沸き起こりました。発売元である東芝に、この声が届いたからなのか、それとも当初から企画されていたのかはわかりません。しかし、それから、あまりときを経ずして、旧バージョンのCDも発売になったのです。ファンの方々は大喜びで、どんどん予約が入りました。復刊ドットコムで**日本で一番このCDが売れた**と、あとで知りました。

そして、1000票近い大量得票を集めた書籍である『MOTHER百科』の復刊も実現しました。こちらも、待っていた投票者の方々から、すさまじい勢いで予約注文が殺到しました。ドレミ音楽出版からは『楽しいバイエル併用 MOTHER2 ギーグの逆襲』が発売になりました。こちらもゲーム音楽を楽しむ方々が、自らピアノ演奏して楽しむための楽譜集です。

これら多くの復刊は、必ずしも復刊交渉の力だけによる実現ではありません。メーカーによるゲームの再発売という機運が、われわれの復刊交渉とうまくリンクした幸運な出会いです。

出版社も少量ロットの復刊ドットコム発売だけでは、着手の決意が難しいケースが多いことは否めません。しかし、ゲーム発売のような外部環境が整えば渡りに舟です。会社を動かしても充分にペイできる出版営業となります。また、販売動向だけではなく、ゲーム各社のキャラクター管理は非常に厳しく、とくに任天堂はその露出のタイミングを大切にします。したがって、ゲーム再発売のような時期でないと、出版のためのキャラクター使用許諾も出づらい状況があります。まったく何もない状況では、復刊の許諾すらおぼつかないのです。

出会い頭とはいえども、やはり常日頃からタイトルに関する情報を追っていないと、こういう動きもキャッチできなかったわけです。

4

本好きのためのパラダイスとは？

復刊ドットコムは、インターネットの落し子ともいえるメディアです。インターネットによってもたらされたコンテンツへのニーズを、インターネットを使ってダイレクトに流通させること。それがわれわれの究極の使命ではないかと考えています。

それまで個別無関係に存在していた読者のニーズを、ネットによってひとつに集めることで、絶版本たちを甦らせ、それを求める読者に直接働きかけることができたのです。

そしてまた、インターネットは、著者、出版社、取次、書店、読者という既存の流れを、根本的にパラダイム転換する可能性もあります。

本章では、これからの復刊ドットコムの行く末と、出版というメディアの未来について思うところを書きました。

1 熱意がビジネスを超える

ファンクラブという智恵袋

私たちは、ファンクラブの方との交流をとくに重視しています。

彼らはインターネットで同好の士と情報を交換し合い、復刊リクエストで大きな得票を産む組織票は、おおむねここから発信されます。

思うに、これまで出版社にとって、ファンクラブは必ずしも味方ではなかったのではないでしょうか。

なぜならファンクラブの方々は、自身の興味のあるコンテンツに詳しいために、出版社と著者の内部事情にまで踏み込んでくる場合もあれば、出版社の方針に厳しく批判を浴びせることもあるからです。正直「**うざったい**」と思われているケースも多いと思います。

しかし既成の出版社のように、もともと著者とのパイプもなければ、その書籍への専門知識もない、われわれのような存在にとって、ファンクラブの方々は**よき相談相手**です。

復刊企画に際して、ファンサイトの管理人の方とは、しばしばお会いして復刊候補本のポジショニングなどを確認します。ファンが読みたがっている作品の優先順位、どういう年齢層の方々が中心読者なのかなどを教えていただいています。そして、復刊決定後には販売方法を相談して、告知面の協力を求めます。どんな場所でPRすればいいか、どういう特典を付ければ喜んでもらえるのか。

皆さん、けっして出版販売のプロでもないのに、熱心に考えてくださいます。のちに復刊ドットコムでは、このようなニーズ聴取を「アンケート機能」という形でシステム化しました。投票銘柄が100票に達した時点で、投票者に設問メールを自動的に送信して、**販売促進のアイデアを募る**のです。だいたい三割から四割くらいの確率で、投票者からの回答が寄せられます。なかには復刊書籍のキャラクターをテーマとしたイベント開催の情報や、同好のディープなサイトの存在を教えてくれる貴重な情報も含まれています。

無償の愛はアフェリエイトを超える

復刊ドットコムの基本的性格は、復刊第一号『かくれちゃったのだぁれだ★』によって決まりました。

この本の復刊の幸福な成功については、第1章で詳しく書きました。

ここで、二つのことがわかったのです。

★かくれちゃったのだぁれだ　詳しくは20ページ参照。三原順氏の作品は、人間の深層心理に深く踏み込んだ、文学的にも奥の深い世界です。読者の強い思い入れが成立しやすいコミュニティだったのでしょう。

一つは「**熱心なファンは二冊買う**」ということです。

読書用と保存用の二種類を購入されるのです。保存用はパラフィン紙などに包んで、大切に保存されるのです。ビジュアルな本であればあるほど、そういう傾向が強くなります。

二つめは「**最強のセールスは口コミ**」ということ。

ファンサイトの会員が別の会員にオススメする。なかには一人で五冊、一〇冊と購入して「すばらしい本だから」と友人に勧めてくださる、まさに布教活動の使徒のような方もいました。


他人に本を薦める行為は、アフェリエイトのような推薦者が報酬を得るしくみもありますが、趣味の世界が高じて、無償のPR活動が自主的に行われることにはかないません。

そういう意志がファンサイトという器を通して、エネルギーが集まって刺激し合ったときにこそ、その伝播力は最大になることを『かくれちゃったのだぁれだ』では、教えてもらいました。

ファンサイトの方々にとって、この本の復刊は、ブッキングや白泉社で行われたできごとではなく、彼ら自身の主催した**イベントでもあった**のです。

ファンだけが知っている情報…ファンサイトとの連携

復刊投票そのものがファンクラブサイトの力に負うところが大きいこともあり、われわれは頻繁にファンサイトの方々とお会いしています。

本当にずいぶん多くの方に編集部まで足を運んでいただきました。

皆さん、職業をお持ちなので、お勤め帰りに時間を作っていただいて、お会いすることになります。実際にお会いしてみれば、投票された作品が作者の作品群全体のなかでどういう意義を持っているか、どういう方々が作品を愛好されているかなど、私たちだけでは、なかなかつかめない情報を教えてもらっています。

たとえば、**ネオ・ユートピア**★の方々には、藤子不二雄Ⓐ先生の変身三部作の存在を教えていただきました。OL版が「ミス・ドラキュラ」、サラリーマン編が「無名くん」、子供バージョンが「おやじ坊太郎」。こういうことは、書誌データを眺めているだけではわかりません。やはり教えていただかなければ知りえません。

こういう出会いから復刊への道が開けたり、開けそうになった本もあります。

ここでは、そんな代表的なファンの方々との思い出を語りましょう。

ファンサイトの行動力

★藤子不二雄ファンサークル、ネオ・ユートピア（NU）
http://neoutopia.net/
86年より、交流会や藤子作品の研究活動、会誌の発行どを続けているファンサークル。「ド・ラ・カルト」「ドラえ本」（小学館）の製作にも参加。豪華な会報誌（写真）も発行している。

2章でお話した北海道での復刊交渉旅行をともにした**佐々木丸美作品復刊推進委員会**の方々は、筋金入りのマルミストです。うら若き乙女たちは、出版社の「一五〇〇部売れるなら復刊してもいいよ」という言葉を信じて、復刊署名運動を開始しました。また、雑草社「活字倶楽部★」に働きかけて「佐々木丸美特集」を実現させるなど、驚異的な活躍をなさっています。

また、皆さん復刊投票されたキャラクターが好きで好きでたまりません。

彼らにとって、作者や作品ゆかりの地への訪問は「**巡礼**」と称されます。

「**藤子漫画出版署名運動**★」サイトの方々は、藤子コンビの故郷である北陸旅行が毎年の恒例行事となっているそうです。

そして「**銃士倶楽部**★」の方はフランス旅行、それもダルタニャンの故郷であるガスコーニュ地方を毎年旅しているとのことです。スヌーピーファンの方は、スヌーピーであれば、何でも蒐集します。たとえばマクドナルドのバリューセットを一〇回食べれば貰えるプレゼントにスヌーピーのマグカップがあれば、必ずゲット。お金で買えないグッズだから、なおさら燃えるのでしょう。

藤子不二雄Ⓐ先生のサイン会や原画展では、会場内の表示プレートみたいな物まで、皆さん欲しがります。また、サイン会や講演会の度に地方から出てくる高

★**活字倶楽部**
主に一〇代後半〜二〇代の女性に支持されている小説ファンのための季刊誌。

★**佐々木丸美作品復刊推進委員会**
http://homepage1.nifty.com/uimakita/

★**藤子漫画出版署名運動**
38ページ参照。

★**銃士倶楽部**
33ページ参照。

校生のファンもいます。毎回の電車賃も馬鹿にならないでしょうに。

彼らに共通しているのは、好きな作家に関係あることには飛んでいくということです。そんな純粋に「好きだ！」という気持ちに遭遇すると、こちらも「何とかしてあげたい」という気持ちになりますし、「交渉頑張ろう」という気にもなります。

ブッキングも最初は出版社からお預かりした絶版本を復刊するスタイルの仕事でしたが、やはり読者からのリクエストに応える方がやり甲斐があります。個人的な熱意というものは、ビジネスの論理を超えるということです。

また、復刊書籍ではありませんが、復刊ドットコムでも人気を集めた「ロミオの青い空脚本集」を発行している「**あおぞら企画**★」の方々との出会いも忘れられません。

ロミオ大好き！の彼女たちは、同人誌活動で、著者を動かし、日本アニメーションを動かして、この本の刊行をまったくのボランティアで実現したのでした。われわれは、販売面のみでお手伝いさせていただくことになったのです。

彼女たちの情熱と前向きな生きる姿勢は、この後「MEGU EXTRAロミオの青い空」の復刊に繋がってゆくことになりました。

こんな縁をつくってくれたのもインターネットです。見も知らないサイトの管

★あおぞら企画
http://www2.tokai.or.jp/lmon/michiru/aozora.htm
子どもたちの教育支援を目的とした、非営利のサークル。「ロミオの青い空」ファンが、ボランティアで発行活動を行い、販売物の収益は、「カンボジア教育支援フロム佐賀」に寄付している。

理人に対して、見ず知らずのブッキングなる得体の知れない会社からきたメールで出会う不思議さ。ない縁をつくってしまうのが★、インターネットです。

読者からの情報を頼りに

問題を抱えた復刊書籍の場合でも、著者の連絡先や消息さえ入手できれば、交渉がはかどることも多いのです。

たとえば「ダルタニャン物語」は投票者の方から著作権継承者の住所を教えていただいたことから、復刊が決まりました。

また、見たこともない本の復刊には、どのくらいの印刷製本コストを要するかは見当もつきません。しかし、読者の方々から原本のご提供をいただければ、もう復刊実現には一歩も二歩も近づいているのです。カラーページがどのくらいあるか、海外文学の版権入手ルートなど、原本を見れば、その本のプロフィールの大半が判明するのです。

これまで最も大きかったファンの方とのコラボレートは、藤子不二雄Ⓐランドの刊行に当たって、藤子漫画出版署名運動の**署名者の約五〇〇〇人**に向けた大アンケートでした。このサイトを運営していたお二人に相談したところ、復刊実現のために、快く応じてくださいました。本の定価設定がいくらまで許されるか？

★ない縁をつくってしまう
ほかにも、語シスコファンの「ラブ&カタルシスキー」、「あまいぞ！男吾」の巴道場、スヌーピーファンの「BEAK-BLEEDS!」など、思い出深いファンサイトとの出会いでした。

全巻予約者に向けた読者特典に欲しい企画内容は？　全一四九巻全巻を購入してくれるのか否か？　そうでないならどの作品を購入してくれるのか？　など、いずれもリスクを背負って刊行するのですから、重大な問題です。結果的には**約一二〇〇人の回答**を集めることができ、全集のスタートに向けて、貴重なデータを入手することができました。

このときの経験から、二〇〇五年末刊行予定の大型全集である、角川書店「石ノ森章太郎萬画全集★」のマーケティング調査を実施しました。このときも五〇〇件くらいの回答が寄せられました。復刊ドットコムの市場調査機能は、出版業界にとって、貴重なマーケティングツールとなるのではないでしょうか。

「信頼」を基盤とするビジネスモデル

復刊交渉ルールへの熱き議論

熱心なファンの方から、次のような抗議が寄せられました。「人手が足りないのもわかる。投票上位から交渉せざるを得ないのも理解できる。でも100票に達していない書籍を、すでに達している書籍より先に交渉する必要があるのか？交渉の優先基準を口外したからには、それを守って欲しい」とのご指摘でした。

★石ノ森章太郎萬画全集
角川書店創立60周年企画。総ページ数128000ページ、手塚全集の藤子不二雄全集のをしのぐ全五〇〇巻、全六期。

おっしゃる通りの正論で、僕らもおおいに反省して、改めて未交渉の作品について、交渉担当を確認し合いました。その方には「すいません」とメールで謝ったのですが、その後のリアクションがすごかった。この経緯を復刊ドットコムの「メッセージ」に記載したところ、賛否両論が巻き起こったのです。

どちらかといえば、弁護してくださる意見の方が圧倒的に多く、投票者の皆さんが復刊ドットコムに対してウェットに応援してくださる気持ちはうれしかったです。

もう一つ物議をかもしたのが、100票に満たない書籍に対して、私が投票を呼びかけたことに対する反響です。呼びかけた書籍は、何らかの形で出版社や著者の復刊に向けた合意が事前に成立していて、あとは復刊するだけという本でした。

私が「メッセージ」やメルマガで投票を呼びかけると、たいがい一夜のうちに20～50票くらいは集まります。前述の交渉ルールでもめた経緯から、なるべくなら100票にしておいて復刊させたかった気持ちがあったからです。しかし一部の会員の方のなかから、このような呼びかけを「不公平だ」と、お叱りを頂戴しました。こういうケースも、交渉ルールという点から、諸説紛々なポイントです。

それ以来、少なくとも結果の成否はともかく、100票になってから未交渉の状態が数カ月継続するようなことにならないよう、配慮するようにしました。

ちなみに、二〇〇五年三月現在の交渉状況では、100票以上の書籍においては、交渉中が九二二点、未交渉の銘柄は一八六点、決定が一九四五点、断念が一〇二点です。

一点あたりの復刊交渉には、かなりの時間がかかってしまいます。どんなに早く事がとんとん拍子に進んだとしても、最低でも三カ月から四カ月は準備に月日を要するのです。また、当初は出版社や著者の方々に対しても、復刊ドットコムの認知度も低く、復刊の要請をすんなりと受け入れてくださらない場合や、理解してもらえないケースもしばしばありました。

こういうなかで、どうしても私たちの交渉傾向として、柳の下に何匹もドジョウを追ってしまうという点が出てしまいます。すなわち一人の著作権者に復刊の了解をいただければ、その著作権者のほかの作品にも復刊許可が出やすくなります。またある出版社で復刊が了解されれば、その出版社のほかの作品も復刊しやすくなります。**交渉の生産性**という点です。したがって、行けそうなところから行ってしまう担当者の本能から、さきほど会員の方々から指摘されたような傾向が生じてしまうのです。

復刊交渉に当たっては、その本がなぜ求められているのかアンケートを行ったり、その著者の刊行物を片っ端から読んでおいたりと、事前の入念な下調べが必要です。また実際に交渉のテーブルに着いたとしても、全集物などは経済的なハードルも高く、簡単には実現できません。復刊交渉することそのものでは収益を得ることのない悲しさ。

半年以上追いかけた案件が「残念」となってしまうと、「**自分のこの半年間はいったい何だったのだろう**」と空しくなってしまいます。したがって、成功が約束している案件には、ついつい飛びついてしまいがちなのです。ここに復刊ドットコム運営のジレンマがあり、大げさにいえば、投票者と運営者の利害の乖離があるのです。

出版社への攻撃はヤブヘビです

復刊ドットコム開設当初の頃の話です。

あるファンサイトの掲示板で、復刊交渉の報告に対して、復刊交渉に応じない出版社の方の態度を激しく非難する内容の発言がありました。その結果として、出版社からは交渉内容の情報を秘匿するよう強い要請がありました。

このような発言は、かえって交渉の妨げとなってしまいます。人間はお互いに感情の動物です。出版社側で交渉窓口に立つ方々も、こういう文章を目にすることがあれば、取り組む意欲をなくしてしまいます。とくに大手出版社の場合、組織のなかでほかの部署とかけあったり、稟議書を回したりする社内調整に奔走していただくことになり、大きな負担をかけることとなります。このようなご苦労をかける窓口担当者に、さらに心理的なプレッシャーをかけることは、われわれとしては心苦しい思いです。

あるマンガ家が、このような書き込みに大変立腹して、著者自身から交渉結果を「残念」にして欲しいという最後通告をもらってしまったことすらあります。われわれの復刊交渉情報の公開が、ほとんどの場合、「事情により交渉内容は公開できません。ご了承ください」という表示になってしまうのも、こういう事態を恐れているためです。

復刊に時間がかかったり、障害があったりするのはやはりそれなりの理由があるからです。先方の事情もあり、すべての事情を公開することはできませんが、関係者一同はもちろん、出版社の皆さんも誠意を持って力を尽くしてくださっています。すぐに復刊が決まらず、関係者が怠けているように見えてもどかしい気持ちも感じるかもしれませんが、どうか暖かい目で見守ってやってください。

投票者の実際の購入率は?

事件というには相応しくないでしょうが、それでもわれわれにとっては少なからず考えさせられることがありました。ある書籍が、出版社との交渉で、復刊ドットコム専売商品として発売に漕ぎ着けました。ところが、この本は当初なかなか販売数が伸びませんでした。復刊投票そのものは90票近くあったにもかかわらずにです。復刊ドットコムの投票解析機能によると、購入者は投票者の18%にとどまっていました。

それまでの復刊商品は、だいたいが**投票数の五倍**を目安に復刊書籍を製作してきました。この五倍が、われわれが復刊書籍を発売しても大損しない、一定の倍数でした。復刊ドットコムでは、**100票の投票に対して五〇〇冊の部数を製作**します。このうち六〜七割の実売があって、われわれは初めて損益収支がとれる事業構造となっています。

もちろん、投票数と同数だけを製作する方法もなくはありません。似たような事業モデルをとっている「たのみこむ」や「廃盤復活計画」は、申し込み数＝製作数の考え方です。しかし、そのような考え方では、定価が高くなってしまいます。これでは読者の皆さんが入手しづらくなってしまうため、あえて頒価を下げるために在庫リスクを踏んでいます。

また、せっかく出版社の方に窓口で尽力いただいても、せめて五〇〇部くらいの販売利益を得ていただかないと先方の事業利益がまったく確保できず、動いてくださる方々の立場がありません。出版社の側にも行動の動機付けを持っていただくためには、せめて五〇〇部から千部の出荷を約束する必要があるのです。

復刊投票は必ずしも購入を前提としていません。投票時にも購入の意志を確認するボタンを用意させていただいているくらいです。投票時には、ほとんどの方が「購入する」ボタンを押します。実際には全体の購入率は30％前後にすぎません。しかしながら投票者以外の方が購入してくれているため、復刊ドットコムのビジネスはなんとか成り立っています。

投票者数より、購入希望者の人数がかなり下回ってしまうという結果が続けば、復刊ドットコムのような事業モデルはなかなか継続できません。投票してくださった方、それも「購入を希望する」と意志表明された方は、復刊実現のおりは約束を果たして欲しいということを切実に思います。

ルール破りの投票が発生

公正でない方法で復刊投票が行われたケースもありました。

復刊ドットコムでは同一アドレスから、同じ書籍への再投票を禁じています。しかし、そのわれわれのチェック機能をかいくぐって**二重投票**が行われました。

そのときは自主的に票数を減少して、決着が着きましたが、このような投票を続けてしまうと、われわれはもちろん、出版社も著者の方も復刊ドットコムの得票を信じなくなってしまいます。

復刊投票数を引き上げてくださる努力を会員の皆さまがやってくださることは、ありがたいと思います。しかし、無理はしないで欲しいと思います。

過去にも、復刊ドットコムと類似した**受注生産型のネットシステム**が、二重投票で不調に終わった例もあります。買う意志がない方、読んでほかの方に推奨する意志を持たない方、そういう方々に、ただ投票数を増やすためだけに、投票を促さないで欲しいと思います。

復刊ドットコムは運営側と参加側の信頼だけで成り立っている数少ないビジネスモデルです。「投票は、一書籍に対して一人1票という原則を守ってください」と申し上げざるをえません。

公正さは、いつか現実という岩をも貫きます。長い迂回のようでありながら、実直な投票が最後は全体最適をもたらします。

本の値段は高いか、安いか?

復刊書籍の販売に際して、投票者の方々から「値段が高い」とクレームがつくことがあります。復刊ドットコムの運用方針として「復刊は部数が少ないので、原本の一・五倍から二・五倍の価格設定は止むを得ない」というスタンスを取っています。これに加えて、ブッキングによる発行発売で復刊される場合、文庫本や新書版のコミックを単行本化するため、どうしても定価設定が原本より高くなってしまいます。文庫や新書は、書店で棚を確保している大手出版社でなければ、事実上、販売ができないからです。

このような背景によって設定された定価は、どうしても一五〇〇円から二五〇〇円くらいの設定となってしまいます。その結果に対して「どうしてこんなに高いのか」「オークションで購入した方が安い」などの非難の声が届きます。

しかしながら、復刊ドットコムの場合は、過去の実績から投票数の二・二倍のインターネット通販しか期待できません。そう考えると、すでにマーケットが縮小してしまったケースが多い復刊書籍を、書店市場の販売で同じ定価のままで勝負に出ることは、在庫リスクを背負う宿命にある出版社として自殺行為に等しいのです。

このためいろいろと工夫しています。

雑誌連載によって執筆されるため、どうしても巻数が多くなるコミックなどでは、複数巻を合本して製本費用を抑制しています。それでも初版三万部のコミックと、二千〜三千部初版の復刊では、初期コストが違いすぎます。この場合の初期コストとは、再発売にあたってのブックデザイン費や、印刷会社の版下作成費などが固定費となります。この固定費が復刊の少ない部数では、なかなか回収できません。投票者の皆さんには、この構造を知っていただきたいのです。

通常、**製造原価は企業秘密**です。しかしながら、私はあえて、ここでそのベールを開いてみようかと思います。

復刊ドットコムで人気のヘルマン・ヘッセ『ガラス玉演戯』の原価構造を、関係者のご了解を得て発表いたします！（236ページ）

資料は復刊を決定する際に使用する会議資料です。復刊そのものをブッキング発売で行うか、否か。そして復刊する場合は、発行部数と定価はどのあたりが適正かを検討いたします。この書籍は二〇〇三年一二月に復刊されました。発行部数は千部、定価は二八〇〇円で設定。製造費は主に印刷製本費、印税は著者収入、外注費はブックデザイン費用、間接費は編集者の人件費に当たります。

これに対して販売収入は、インターネット販売、書店ルート販売、図書館ルート販売の計画をあらかじめ立てています。また、初回出荷の際に、今後の注文に備えて一五〇部の在庫を確保しています。ご覧になっておわかりのように、私た

復刊本の原価構造

どうしても定価が高くなってしまう…

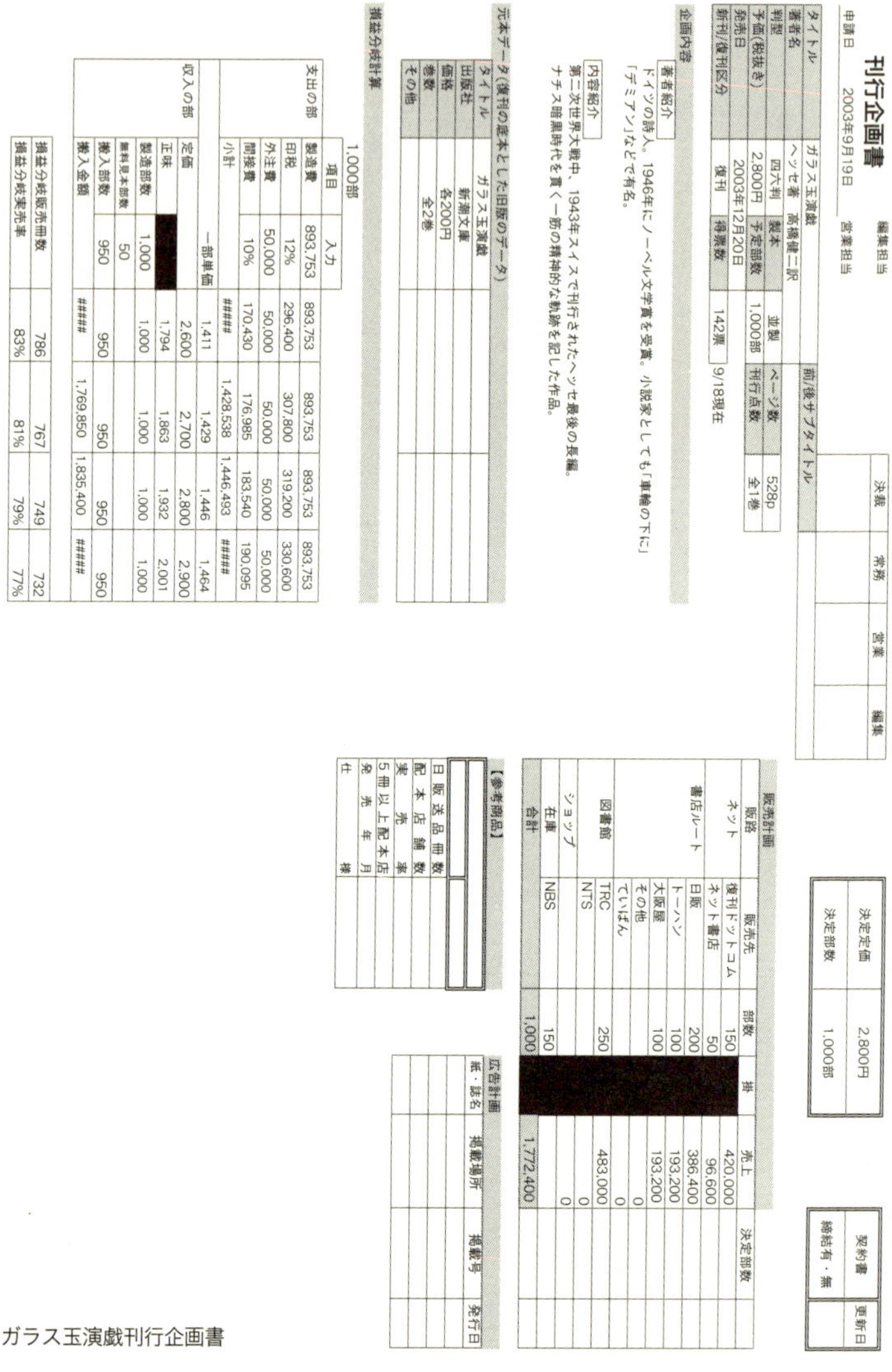

刊行企画書

申請日　2003年9月19日　　編集担当　　営業担当

決裁	常務	営業	編集

タイトル	ガラス玉演戯			前/後サブタイトル	
著者名	ヘッセ著　高橋健二訳				
判型	四六判	製本	並製	ページ数	528p
予価(税抜き)	2,800円	予定部数	1,000部	刊行点数	全1巻
発売日	2003年12月20日				
新刊/復刊区分	復刊	得票数	142票	9/18現在	

決定定価	2,800円
決定部数	1,000部

契約書	更新日
締結有・無	

企画内容

著者紹介
ドイツの詩人。1946年にノーベル文学賞を受賞。小説家としても「車輪の下に」「デミアン」などで有名。

内容紹介
第二次世界大戦中、1943年スイスで刊行されたヘッセ最後の長編。
ナチス暗黒時代を貫く一筋の精神的な軌跡を記した作品。

元本データ(復刊の底本とした旧版のデータ)

タイトル	ガラス玉演戯		
出版社	新潮文庫		
価格	各200円		
巻数	全2巻		
その他			

損益分岐計算

1,000部

	項目	入力				
支出の部	製造費	893,753	893,753	893,753	893,753	893,753
	印税	12%	296,400	307,800	319,200	330,600
	外注費	50,000	50,000	50,000	50,000	50,000
	間接費	10%	170,430	176,985	183,540	190,095
	小計		#####	1,428,538	1,446,493	#####
		一部単価	1,411	1,429	1,446	1,464
収入の部	定価		2,600	2,700	2,800	2,900
	正味	[redacted]	1,794	1,863	1,932	2,001
	製造部数	1,000	1,000	1,000	1,000	1,000
	無料見本部数	50				
	搬入部数	950	950	950	950	950
	搬入金額		#####	1,769,850	1,835,400	#####
	損益分岐販売冊数		786	767	749	732
	損益分岐実売率		83%	81%	79%	77%

販売計画

販路	販売先	部数	掛	売上	決定部数	
ネット	復刊ドットコム	150	[redacted]	420,000		
	ネット書店	50		96,600		
書店ルート	日販	200		386,400		
	トーハン	100		193,200		
	大阪屋	100		193,200		
	その他			0		
	ていばん			0		
図書館	TRC	250		483,000		
	NTS			0		
ショップ				0		
在庫	NBS	150				
合計		1,000		1,772,400		

【参考商品】

日販送品冊数	
配本店舗数	
実売率	
5冊以上配本店	
発売年月	
仕様	

広告計画

紙・誌名	掲載場所	掲載号	発行日

ガラス玉演戯刊行企画書

ちは製作部数の79％以上を販売せねば、利益を確保できない事業構造となっています。

これは商業出版の世界では、異例の**リスキーなハードル**です。復刊時の定価のアップに厳しいご意見をいただく場合もありますが、そんなに復刊出版は甘くないのです。

『ガラス玉演戯』は著者のネームバリューム、図書館需要があることから、むしろ販売的には手堅いジャンルです。

コミックやゲーム本はもっと厳しい損益計算が求められます。インターネット需要だけでは、読者の求めやすい定価設定ができないため、あえて返品リスクのある書店にも商品を投入し、価格を引き下げているのが実情です。したがって、けっして復刊書籍が「高い」わけではないことをご理解ください。

2 新しいコミュニケーションを創造する

ここでは次世代の本と呼ばれる「電子書籍」の未来と、版面権や著作権について考えてみたいと思います。

電子書籍→携帯電話へ

電子書籍コンテンツの現状

出版業界では、多くの出版社が電子書籍の開発を試みています。そして電子ブック書店と呼ばれる企業が出現しました。

電子書籍への取り組みでは、大手文庫出版社が結成した「**電子文庫パブリ**★」や、出版社自身のホームページのなかでさまざまな取り組みがなされています。

電子ブック書店には、「**電子書店パピレス**★」、「イーブックイニシアティブジャパン(eBookJapan)★」、シャープの「**SpaceTownブックス**★」、「**楽天ダウンロード**★」、ソニー系の「**パブリシングリンク**」などが覇を競っています。

しかしながら、いずれの企業も、電子書籍自体は、まださほど大きな売上には

★電子文庫パブリ
http://www.paburi.com/paburi/default.asp

★電子書店パピレス
http://www.papy.co.jp/

★eBookJapan
http://www.ebookjapan.jp/shop/

★SpaceTownブックス
http://www.spacetown.ne.jp/

★楽天ダウンロード
http://dl.rakuten.co.jp/shop/rt/

至っていません。

「紙で読むべきか、コンピュータ画面で読むべきか」というテーゼに対しては、今のところ前者の勢いが、後者に進出を許さないという状況です。紙の携帯性の優位さや読みやすさが、コンピュータにはその地位を譲らなかったという印象です。とくに小説やノンフィクションなどの分量がたっぷりしたコンテンツは、その傾向がはっきりしています。

しかしながらジャンルによっては、後者が前者を駆逐しつつあります。たとえば写真集、とくにグラビアアイドル系の写真集は紙の世界が圧倒されつつあります。それから**検索機能**が重視されるコンテンツ。こちらは紙の世界の敗色濃厚という状況となってきました。かつては一家に一セットあった百科辞典は、CD版が出たあとは壊滅してしまいました。さらに辞書の世界も電子辞書が大ヒットとなりました。

広い意味でいえば「乗換案内」や株式情報、競馬情報などのコンテンツも、この優位性の範疇に含まれてくるコンテンツです。

電子書籍が優位となったジャンルのもう一つの理由として、検索性と近い性質である**インターラクティブ性**があります。

たとえば、コンピュータゲームは広い意味でインターラクティブな書籍と考えてもよいジャンルではないでしょうか。読者の入力によって、違ったアウトプットを生めること。これこそ、コンピュータのなしうるコンテンツの特性です。この芸当だけは、紙の本にはできません。こういうことができる紙の本は、あえていえば、ＴＲＰＧなどのゲームブックくらいでしょうか。

電子書籍のあるべき器

電子書籍というコンテンツにとって不幸だったことは、取り組みのスタート段階において、ＰＤＡ★が主たる媒体としてみなされたことでしょう。かつて業界全体で取り組まれた電子書籍コンソーシアム時代から、出版業界に対して数々のハードメーカーから、読書専用端末が提案されてきました。

しかしながら、機器の重量や、画面の反射、バッテリーの寿命などハード的に多くの問題点が指摘され、いずれの機器も、紙の本を凌駕するには至りませんでした。

にもかかわらず、パソコンと同じくらいの画面の情報量を維持できるという理由で、多くの電子書籍はＰＤＡ用にコンテンツ開発されてきました。しかも検索性やインターラクティブ性に欠けた、小説中心にコンテンツ開発がなされたのです。電子書籍に興味を示した出版社が、文芸書のコンテンツを多く抱える大手出

★ＰＤＡ
Personal Digital Assistance
手のひらサイズの携帯情報端末。液晶画面がある。シャープのザウルスやカシオのカシオペア、Apple社のNewton、Palm Computing社のPalm、Handspring社のVisorなどが有名。

版社であったことも、この原因となりました。鳴り物入りで発売されたソニーのLIBRIEは、いまだに販売台数が思うように伸びないといわれています。松下電器産業が開発したΣブックも鳴かず飛ばずです。

このようにPDAが「売れない」という認識は次第に明確になってきました。そして、何がPDAにとって代わったかといえば、**携帯電話**なのです。

画面に表示できる情報量こそ少ないですが、機器の携帯性に優れ、通話などの機能に他機器での代替性がない面から、一躍、電子コンテンツの有効なコミュニケーションツールに躍り出ました。しかも**VGA**★の発達に見られるように、画像の解像度も格段の技術的進歩を遂げたため、PDAはまったく出番がなくなる状況に陥りました。PDA用に凸版印刷が多年の歳月と、多大な資金を投じて開発された**電子ペーパー**は、電子書籍の発展に非常に期待されていたにもかかわらず、今や次世代の主役の座を譲ってしまいました。

出版社各社の電子書籍担当者に聞くと、口を揃えて、PDAコンテンツは不振、携帯電話に向けたコンテンツは好業績であるといいます。

しかしながら、電子コンテンツの提供は機器に合わせた開発が必要です。ソフト的にも、ハードに制約されるコンテンツのデバイス表示の点からも、PDAとは一線を画した開発が必要となります。昨今の携帯電話はauのPCサイト

★VGA
Video Graphics Array
640×480ドット、16色の表示が可能な、IBM社が開発したグラフィックシステム。

ビューアーや、ドコモのOPERAなど、携帯電話でパソコン画面を表示できるソフトも開発されました。こうなると、携帯電話はPDAのみならず、パソコンの機能さえも飲み込んでしまう可能性を秘めてきました。

いよいよ新しい時代の電子書籍の受け皿は、携帯電話であることが、より明確になってきたのです。

インターネットから生まれたコンテンツ

著作権フリーの著作物を電子書籍に置き換えて無料で提供する「**青空文庫**★」というサイトがあります。文芸系出版社からは、過去の出版社の編集努力を無視したサービスであると非難する向きもあります。このような**コンテンツ無料化の潮流**は、専門書の世界においても、学術論文のホームページ上での公開などで、専門書出版社の危機感を増幅させています。

また、コンテンツの無料化現象は、リクルートのフリーペーパー「R25」の台頭など、違った形でも拍車を駆けはじめています。これまで「コンテンツは有償である」という大前提に立って、事業を組み立ててきた出版業界は、今、大きな瀬戸際に立たされています。

★青空文庫
http://www.aozora.gr.jp/

また、昨今のブログ隆盛のご時勢で**ブログ発の書籍**★がベストセラーの上位を賑わしています。インターネット発の新しいコンテンツが注目されているのです。いずれも職業作家やプロのライターの手によらないアマチュア発のコンテンツです。

しかしながら、自費出版事業も多くやってきたブッキングの経験★では、これらのコンテンツは玉石混交というより、石ころだらけというのが実感です。無秩序に形成されたインターネット上のコンテンツは、編集者の手を経ていないという点で、商業出版とはまったく違った世界です。あえていえば、商業出版物としての品質レベルに達していないのです。

ホームページやブログによって、職業作家とアマチュアの境界線が不明確になったなか、コンテンツの無料化の波は急速に進んでいます。コンテンツの優劣を見極める見識、原石である素材コンテンツをいかに磨き上げる腕を振るうかという、編集者の力量が「銭を取れるか、否か」を問われる時代に入ったといえましょう。

★ブログ発の書籍
『電車男』『今週、妻が浮気します』『鬼嫁日記』など。

★ブッキングの経験
ブッキングでは、これまでゴザンスや「5時から作家塾」と提携して商業出版物を刊行する試みを行いましたが、いずれも大きな成功を得ることができませんでした。

電子書籍時代の勝ち組

電子書店のなかでも、勢いのいい会社に共通した点があります。

それは、量的なコミュニティを獲得した企業であるという点です。

電子書籍販売の草分けともいえる「電子書店パピレス」は、会員制は取っていませんが、今や一〇〇万人ともいわれるユーザーを地道に育ててきました。二〇〇五年には年商一〇億円に迫る、電子書籍販売のトップ企業の座を占めています。

また、コミック販売をサイト運営の主軸に据えてきた「イーブックイニシアティブジャパン」は、インターネット業界の巨人であるヤフーとの提携をきっかけに、大きく販売数を伸ばしました。そして、今や二〇〇〇万人ともいわれる会員数を誇る楽天の力をバックにサービスが開始された「楽天ダウンロード」も、大きく販売数を伸ばしています。

パピレスはアダルト、イーブックイニシアティブジャパンはコミックを中心にユーザー数を伸ばしてきました。ここが大手出版社の電子書籍販売とは違った点です。コンテンツ特性的に電子書籍に向かない文芸書を中心に据えた電子ブック書店は、完全に遅れを取りました。このあたりは消費者の要望に応えたのか、それともコンテンツホルダーのニーズを充足しようとしたかの方向性によって、明暗が分かれてしまいました。

読者のニーズをいかに汲み取るか、そしてより大きなコミュニティのなかにコンテンツを投じたかどうかが、電子書籍販売の成功と比例したといえましょう。

電子書籍の未来を総括★

以上のような考察を総括いたしますと、電子書籍に取り組むポイントは、次の四つといえます。それはインターラクティブなコンテンツを開発すること、第二に読者のニーズをいかに吸い上げるか、第三に携帯電話をデバイスと想定すること、そして最後にコミュニティの獲得です。

ある出版社では「これからは出版社も、うかうかしていられませんよ。作者と読者が直接の取引になってしまいますからね」と発言されていました。取次が出資してできたブッキングの僕としても、ついついお追従で「取次や書店も、もっとうかうかしていられませんね」なんて言ってみたら、「そんなの当たり前じゃないですか。**取次に未来なんてあるわけない**じゃない」とあっさり言われて、椅子から転げ落ちそうになってしまいました。

取次や書店など紙媒体の流通に収入を頼っている業種が、紙の媒体から電子書籍へと移行する時代に、どう対応するかは、恐らく出口が見えないというのが本音でしょう。

★電子書籍の未来
米国の電子書籍事情について述べてみましょう。大学生協の方々と、米国に電子書籍のビジネスモデルを視察に出張しました。主に学術専門書の電子書籍化を研究するためです。全国生協事業連合の大久保氏と石川氏、東京事業連合代表の流田氏、東京電機大出版局の植村氏、それに日販の若手社員二名と私を加えて、総勢七名、約半月の旅でした。

ここで日本と米国は、電子書籍の取り組みにおいて、ずいぶんと開きがあることを知りました。

視察のポイントの第一はコーネル大学などで展開されているオンデマンド出版やユーズドブックの販売です。オンデマンド出版において、出版社の横断的な著作権許諾のしくみが組織的にすでにできあがっていることに、大きな羨望を感じました。

第二の点は、電子書籍の利用についてですが、こちらはまだ模索段階にブッキングの親会社である日販でも、電子書籍の対出版社決済代行などの事業を開始していますが、紙の本における流通のポジショニングに比べると、相対的に重要性が低下したことは否めません。

絶滅はしないでしょうが、緩やかな退潮傾向をたどるか。出版流通の中流域、下流域の存在意義は、自らコンテンツホルダーになるか、あるいは直接ユーザー獲得をしていくことにしか、活路はないかもしれません。

復刊の最前線からみた出版権と著作権

出版権というのは著者と出版社の間で交わされる著作権使用契約における、出版社側が獲得する権利です。

著作物は、書籍やCDというパッケージに収納されて初めて商品的生命を得ます。この商品化されるステップで、商品を発行する出版社やCDメーカーと、著作権者が契約を結ぶわけです。前者を法律的には「複製権者」と呼びます。そして、この契約には二種類の契約形態が存在します。

一つは出版許諾契約、もう一つは出版権契約です。

「出版許諾契約」は著作権者が複製権者に「君のところで、僕の作品を出版して

ありました。EBRARYやネットライブラリーなどの電子書籍は、主に大学図書館において利用されていましたが、いまだ商業的に一人立ちした状況とは言えませんでした。しかしながら、英語圏の強みです。電子書籍の検索を中心機能としたシステム販売を、ワールドワイドに開発して販売してゆこうという試みが、新鮮でした。

もいいよ」という許可を与えますが、著作権者はほかの複製権者にも出版の許可を与えることができます。したがって、著者は出版社やCDメーカーに強い態度で臨めるわけです。

そして、次に「出版権契約」です。これが最も一般的な出版契約で、この契約では新刊書が初版発行されてから数年間は、ほかの複製権者には出版することが許されないことを定めています。単行本と文庫が同時に新刊を出したりしないのは、このためです。出版社やCDメーカーが編集やミキシングに要した企業努力を、簡単にコピーされしまわないよう、少なくとも元を取るまでは保護しようという配慮でしょう。

この契約は書籍といっても単行本で出す場合と、文庫本で出す場合と別個の契約となるのが通例です。また作品を書籍で刊行する場合と、CD-ROMやインターネットで販売する場合などは個別の契約が必要というのが、この世界の常識です。

したがって、契約は媒体ごとに個別設定され、印税が個々の契約で違ってくるということもありえるわけです。また、版面権というのは書籍の印刷時につくる版下やDTPデータの使用・所有権のことで、それを作成した印刷会社にあるのか、出版社にあるのか、微妙です(判例では印刷会社に認められています)。

絶版商品の復刊の最前線に立つブッキングにとって、出版権契約の独占的排他性が障害になることが少なくありません。

復刊の交渉がなかなか進まない原因として、著者交渉の難しさということがあります。出版社には「寝た子を起こすな」という言い分があり、すなわち復刊の申し入れを著者に行った際に「自分の名著が絶版になっていたなんて、けしからん」と立腹される著者がいらっしゃることを危惧します。もう一つは自社で発行していた著者や作品が、ほかの出版社に移ることを、主に編集の方々が嫌がることです。これは、ほかの出版社で発行された元自社作品が万が一にヒットした場合、編集の現場が上司に「見る目がなかった」と叱責される場合もあるからです。

実際、営業の方々とお話していても、この「移籍」に本能的な嫌悪や恐怖感をお持ちの方が多いようです。その結果、絶版書籍の復刊を阻んでしまうケースが少なくありません。

したがって、重版を望む著者と、出版社の間に深くて暗い溝が横たわっているのを、最近よく目や耳にします。

版面権と出版社の義務

オンデマンド出版が始まった頃、「**版面権**★」という言葉が論議になったことがあります。これは印刷会社の持っている版下フィルムを使う権利を誰がもつか、あ

★版面権
印刷会社の版下フィルムという意味での版面権は、実際には印刷会社の版下の所有権と、出版社の出版権をゴッチャにした話で、その権利は二つ個々に存在します。

出版社の編集努力という意味での権利はむしろ出版権に依拠します。出版権の契約の条文には契約年間（通常3〜5年間）の複製権者の排他的な販売権が認められています。

るいは初版時の編集に要した出版社の努力を著作権隣接権的に認めるかどうかといった議論です。

　判例からいえば、実際に著作権隣接権を認められるケースは、書籍では百科事典や全集のような企画色が強い場合だけで、一般的な組版や校閲作業に対して認められているわけではありません。

　したがって、単行本を他社が文庫化する際に編集著作権を請求するような業界慣習は、法的な視点から見ると効力がないようです。青空文庫に対する出版社の複雑な思いというのも、このへんの事情が背景となっているのですが……。

　小説の場合は作者が書き上げるまでの取材費や、コミックでは雑誌掲載時の原稿料の支払いなど、実用書の場合はその本の企画・リサーチから編集者がプロデュースしているケースが多いので、編集権を認めてもいいのではないかという、初版時の人的・経済的な負担は人道的には認めてしかるべきであるという意見には、私も合意したいと思います。

　しかしながら、かつて「**出版権は永遠だ**」と、われわれにおっしゃった編集長がいらっしゃいます。これは、ほとんどの出版契約書が、双方の解除の申し出がない場合に、自動更新されることに立脚していますが、これは法的には、著者サイドの合意があって、初めて成立します。

この編集長の発言は、著作者の権利を守る視点に欠けています。また、あまりに出版社サイドの立場ばかりを考えて、読者の存在を無視した見解です。

「絶版も出版社の見識」とおっしゃった編集者もいらっしゃいます。この見識の立場に立てば、ニーズがあって入手困難な書籍は復刊もしくは重版すべきです。企業個々の権益とも呼べないような権益は放棄して、復刊にご協力いただきたいと思います。

出版という仕事が、経済原理に貫かれてしまうことはしかたのないことです。しかし、儲かりもしない復刊に出版社が、無理にお付き合いすることもないでしょう。しかし、合理性を欠いた世間体や感情で、著者と読者の出会いが失われることは悲しいことです。ブッキングは、何が本当に読者の立場に立った行動であるのかを規範として、行動を起こしていこうと考えます。その意味で、賛否両論ありますが、音楽業界におけるJASRACのような著作権を供託する機構の確立が、長い目で見れば、出版業界と読書の発展を促進するのではないかと考えます。

すでにアメリカでは、オンデマンド出版を業界団体の許諾によって、進めることが可能です。日本でも、著作権を業界全体で管理できる仕組みを模索すべきではないでしょうか。もはや個々の企業権益よりも、日本の**読書人口を育てる視点**が、業界自らを守る礎となることでしょう。

3　一〇〇万人の自給自足の読者生活をめざして

インターネットでの大量受注

二〇〇二年五月に開始した藤子不二雄Ⓐランドの全巻予約申し込みは、第一期の予約特典分（複製原画三枚セット）の締め切りまでに、じつに一二〇〇人もの方からのお申し込みをいただきました。

一冊一冊は三九〇円とはいえ、全巻購入すれば、七万円以上もの高額になります。この膨大な全集を刊行するに当たって、多くの方々の支持を得られたことに、われわれとしては深い安堵感を覚えました。

書店やコンビニエンスストアならいざ知らず、インターネット通販で送料込み七万円強の全集が一二〇〇人もの方に、お求めいただけたというのは、それなりに画期的なことだと思います。

「ダルタニャン物語」は、全一一巻で総額二万二千円の全集ですが、すでに七〇〇セット以上の、松田道弘氏「あそびの冒険」は全五巻で一万九千円のセットですが、一二〇〇セットの販売実績がインターネットだけで挙がりました。

これだけの事前予約があれば、本はつくれるのです。文庫やコミックのように五〇〇円未満の廉価商品でなければ、復刊は現実味を帯びた話となります。

事前注文ができない⁉

出版社との復刊交渉の過程で、なかなか納得できない出来事もありました。投票で圧倒的人気を示していた書籍が、新装版で発売されるようになった際のできごとです。

その発売書籍は、ある大手出版社の文庫でした。出版社の方針は、文庫の新刊の事前注文は受け付けないということでした。復刊ドットコムにも膨大な投票が寄せられていたので、事前の入荷部数の確保を要請いたしましたが、断られてしまいました。

断られた理由は、ほかのネット書店からも事前注文の申し入れが来たが断ったので、復刊ドットコムだけを許諾するわけにはいかないというものでした。確かに大手出版社の文庫配本は、全国書店の各店舗やチェーンの過去の販売実績をもとに行われています。そしてその実績にもとづいて、出版社から書店指定で配本が行われます。われわれは投票実績から最低でも**千部を買い切りたい**と申し上げていました(出版業界は普通なら「返品可」な委託で出荷されます)。過去の販売実績のある書店さんにご迷惑をかけないように、予定製作部数にわれわれの買い付け部数をプラスして印刷していただくようにお願いしました。しつこく食い下がる私に、大手出版社の役員は「あなたはわかっていない」とおっしゃいました。いくら買い切りで出荷しても、日本全体の需要は一定量であるとのこと。粘りましたが、口下手な自分ではとうとう説得できず、政治的決着を図ることになってしまいました。

「買い付け配本」システムの追求

親会社の日販で、長く理想とされていたことに「買い付け配本」がありました。現在の菅会長は、私が入社した二〇年前から、この制度の必要性を語っていました。全国の取引書店の事前受注や過去の実績を積み上げて、流通サイドからの申告による部数通りに配本を行うという考え方です。

現在の出版業界では、経済的リスクを負担する出版社が自社の判断に基づいて、発行部数と定価を決めます。あらかじめ決定した上で、取次の仕入窓口に相談に行きます。その際に、あまり売れないと判断した取次の仕入担当者が、出版社の希望部数より少ない決定をすると、出版社からは「もうちょっと取ってくれないか」という小競り合いが起こります。

一方で大手出版社の書籍は慢性的に品不足な状態です。返品が自由な出版業界では、書店はいつも売り切れにならない数量で、商品供給を求めます。しかし、返品を恐れる出版社は、自ら管理する販売実績から、ロスのないように生産計画を組もうとします。全国に二万軒も書店がある限り、すべての書店の希望に添えるように配本されることは不可能です。

委託制度という販売制度のなかで、出版業界は、この不毛な小競り合いを永年繰り返してきました。

音楽業界では、ＣＤの発売一カ月前に受注を締め切ります。ＣＤ販売店では、自店の予約数に一定数をプラスαして商品を発注いたします。同じような発注、生産形態が出版業界でも取れないものか。たしかに出版業界と音楽業界では、商品の扱い点数が大きく違います。しかし流通の正常化には、**委託販売制から責任販売制★への移行が必須です**。

日販に入社して一年目に横浜の書店「デルブ・モア」の社長からうかがったお話しです。コミックの発売一覧表を店内に貼り出しておくと、来店した小学生たちが購入希望の本に正の字を書き込んでいくそうです。お店では、この書き込みにしたがって商品確保をしておくと、売れ行きに外れがないということでした。**事前受注予約**が有効なマーケティングであることを、有能な書店員は、はるか昔から気がついていたのです。

★責任販売制へ
販売店側が責任を持って、しかし安全に商品を買い切れる利益幅を確保できる販売システムが必要と思われます。また販売サイドにも、事前に発売情報を読者に周知徹底して、店頭やインターネットで受注をキチンと期限内に吸い上げておく仕組みづくりが不可欠となるでしょう。

読者による生活共同体へ

復刊ドットコムを運営するなかで、私が理想型と考えている組織が二つあります。

一つはイギリスで発祥した**生活協同組合**です。

生活協同組合は、産業革命が進む一九世紀のイギリスで生まれた試みです。マンチェスター近郊の織物の町ロッチデールでは、二八人の織物工たちが当時の一カ月分の収入である、一ポンドずつを出し合って「ロッチデール公正開拓者組合」を設立しました。「自分たちで資金を出し合って、お店をつくり、純良な商品のみを、正確な計量によって供給する。利益は組合員に分配する」という原則のもとに、小さな店を開店しました。これが、生協の始まりです。

創設当時、店に並べられたのは、小麦粉、砂糖、バター、オートミール、ロウソクの五品目だけ。しかし組合員は自らの利用で自分たちの生協を支え、仲間を増やして一つ一つ取り扱い品目を増やしていきました。「自らが出資し、自らが利用し、自らが運営する」という現在の生協の基本原則は、ロッチデール公正開拓者組合の成功とともに確立されました。

その後、協同組合運動はヨーロッパ各地へ広がり、やがて日本へも伝わっていったのです。

日本では、キリスト教社会運動家である賀川豊彦氏の提唱で、一九四五年には「日本協同組合同盟」が結成され、生活協同組合や農協(現在のJA)などの組織を生み出す基礎をつくりました。日本生活協同組合は、二〇〇四年現在で、五七二単協、二二九二万人もの会員を擁する巨大な組織に成長しています。総事業高は三兆円を超す巨大な消費市場となっています。

もう一つのモデルは、神戸に本拠地を置く**フェリシモ**です。一九六五年に設立されたフェリシモは、通信販売の大手企業です。

「**はいせんす絵本**」をカタログとして、主に女性向けファッション関係の商品を中心に販売をしています(八〇万人ともいわれる会員組織と、年商はおそらく六〇〇億円ともいわれています)。

「ブックポート」というカタログで、自分たちで開発した書籍の販売も行っています。フェリシモでは、自社の会員層にマッチした児童書や女性向きの書籍を自社製作しているのです。会員の要望に応える形で、数千冊規模で大きな販売実績を残した復刊書籍もあると聞いています。クローズなマーケットで、会員のニーズに沿った商品開発を行う理想的な生産スタイルではないでしょうか。

自給自足の消費生活

生協とフェリシモ、それぞれ形は違っても、会員組織を基盤として、会員が求める物を、求める数だけ生産していくというスタンスの業態です。

この二つの組織が、自ら生産者たりえた理由は、二つあります。

一つはケタ違いの会員数を確保できたことです。復刊ドットコムでも、最低でも一〇〇万人の会員を確保しなければ、自給自足の出版活動は難しいだろうなと思います。そしてもう一つは、高いサービスの維持によって、会員からの深いロイヤリティを確保できたことです。フェリシモは良質な商材を確保することによって、生協は無農薬、無添加な商品などを供給することによって支持を得てきました。

「ムダ・ムリ・ムラ」を体現してきた出版業界も、見込み生産、見込み流通というリスキーな体質からの脱皮を図っていかねば、未来はありません。

われわれは、復刊ドットコムを、インターネットというツールを用いて、その範たる出版モデルを確立させるべく努力を続けます。「小さくても、世の中の役に立つ」復刊ドットコムを、読者と一緒に大切に育てていきたいと思います。

あとがき

本書では、ブッキング設立以来の**復刊人生**を網羅してみました。

自分では、この5年間「**出版業界のタブーを破る**」という意気込みで生きてきたつもりです。

本の問屋さんである取次人は、あまり公けの席で自分の考えを口にしません。取次から、出版社ともネット書店とも印刷会社ともつかない「ブッキング」に出向できた自分は、自ら口を開き、本音の片鱗を語ってみた意義があったのではないかと思います。

それでも、この本のなかで、すべてを公表することはできませんでした。そこには著者側や出版社側に絶版にいたる、いうにいわれぬ事情があったからです。いつの日か、私の目の前を過ぎ去ったすべてを語れる日が来るのでしょうか。

復刊ドットコムは、**読書という人間の根源的な欲求**と、出版という企業営利活動に生じるギャップを事業化したニッチなビジネスです。読者、書店、取次、印刷製本会社、出版社の営業と編集、そして著者やキャラクター管理会社。本を取り囲む人々の利害は、あるときは一致し、またある時は相反いたします。読書界の「嘆きの壁」に向かい合うことを正業とした自分たちは、この利害の相反に日常的に遭遇することになります。そして、この毎日繰り返される「著者と出版業界」「読者と出版業界」の読書界内離婚を、少しでも再婚にまで持ってゆくキューピッドの役を果たすことが、われわれの役割です。

最初から離婚したかった夫婦などいないように、絶版や品切れ未定には、必ず関係者の悔恨や痛みが伴っています。この本を読んでくださっている皆さんには、そのことを知っていただきたいと思うのです。

本書のきっかけは、スタッフだった洲巻君から勧められた「ブッキング日記」でした。元来が、へぼ小説家志望で、文章を書き散らすのは大好きだったので、完全にはまってしまい、はや九〇〇回以上の連載となりました。こんな素人日記に、築地書館の稲葉氏から「本にしませんか」とのお誘いを受けました。お互い、テキストはすでにあるから簡単にできるだろうと思ったのが、運の尽き。実際に編集が始まってみれば、安易な見通しは完全に座礁し、ほぼ書き直しに近い状態になりました。二人三脚での編集作業、本当にご苦労さまでした。

もちろん復刊ドットコムは、私一人でやってきた仕事ではありません。一緒に復刊という仕事を分かち合ってくれているブッキングと楽天のメンバー。いつも勇気づけてくれた、目を開かせてくださった菅会長、鶴田社長をはじめとする日販の方々にも感謝したいと思います。

協力してくださった出版社の方々、智恵を授けてくださった書店員の方々、偉大な作者の諸先生方にも、この場を借りてお礼申し上げます。

そして何よりも、これまで復刊ドットコムで**一緒に戦ってきた投票者の方々**とこそ、この本ができあがった喜びを、今、共有したいと思います。皆さんの復刊への願いがなければ、復刊ドットコムも生まれなかったし、ましてこのような本が存在する理由もないのです。

著者略歴
左田野 渉（さたの わたる）

1958年、北九州市生まれ。
1981年、東京都立大学法学部卒業後、
日本出版販売株式会社（日販）に入社。
主に、設備投資関係のプロジェクトに関わる。
最大のプロジェクトは、物流拠点「ねりま流通センター」の
設立に際し、総監督（プロジェクトリーダー）を務めたこと。
1999年、日販の子会社であるブッキングに出向。
「復刊ドットコム」は個人的な嗜好にもはまり、
夜討ち朝駆けで楽しく仕事している。
深夜までメールや掲示板をチェックし、
日々、読者のリクエストに応えるべく奮闘中。
取次・ネット書店・出版社の経験
（本書の刊行で「著者」も経験！）を活かし、
インターネットを駆使した
新しい出版のあり方を提案していきたい。

復刊ドットコム＝http://www.fukkan.com

復刊ドットコム奮戦記
マニアの熱意がつくる新しいネットビジネス

2005年8月10日 初版発行
2005年11月15日 2刷発行

著者 左田野 渉
発行者 土井二郎
発行所 築地書館株式会社
東京都中央区築地7-4-4-201
〒104-0045
TEL 03-3542-3731
FAX 03-3541-5799
URL http://www.tsukiji-shokan.co.jp/
振替 00110-5-19057
印刷・製本 明和印刷株式会社
ブックデザイン 今東淳雄〈maro design〉
装画 藤子不二雄Ⓐ

ISBN4-8067-1312-0